Berthold Prochownik

**Das angebliche Recht auf Arbeit**

Eine historisch-kritische Untersuchung

Berthold Prochownik

**Das angebliche Recht auf Arbeit**
*Eine historisch-kritische Untersuchung*

ISBN/EAN: 9783743620315

Hergestellt in Europa, USA, Kanada, Australien, Japan

Cover: Foto ©Suzi / pixelio.de

Manufactured and distributed by brebook publishing software (www.brebook.com)

Berthold Prochownik

**Das angebliche Recht auf Arbeit**

Das

angebliche

# Recht auf Arbeit.

Eine

## historisch-kritische Untersuchung

von

## Dr. Berthold Prochownik.

BERLIN 1891.

PUTTKAMMER & MÜHLBRECHT

Buchhandlung für Staats- und Rechtswissenschaft.

# Dissertation

verfasst und der

## Hohen philosophischen Fakultät

der

## Universität Heidelberg

zur

## Erlangung der philosophischen Doktorwürde

vorgelegt von

### Berthold Prochownik.

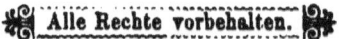
Druck von Eugen Baum in Viernheim.

In every human being there is a wish
to ameliorate his own condition.
In every experimental science there is
a tendency towards perfection.

(Macaulay, History of England.)

# Vorwort.

Es muß sonderbar erscheinen, daß die Frage des Rechtes auf Arbeit bisher eine so ungenügende Behandlung erfahren hat; der Grund hierfür ist wohl darin zu suchen, daß den Anhängern dieser Forderung fast alles fehlte, was sie hätte in stand setzen können, diese Frage wissenschaftlich und nicht in dem Tone gewerbsmäßiger Broschürenschreiberei zu behandeln, während die Wissenschaft diesen Gegenstand wohl für zu unwichtig hielt, um ihn einer umfassenden Widerlegung zu würdigen. Die Quantität der für dieses Recht eintretenden Schriften ist groß; was gegen dasselbe gesagt worden ist, beschränkt sich auf verstreute Aeußerungen über seine Unzweckmäßigkeit und Undurchführbarkeit. Wir meinen nun, daß es nicht nur lohnend, sondern notwendig ist, eine Forderung, für die eine so große Anzahl Stimmen sich erhoben hat, einer genauen Kritik zu unterziehen. Einen derartigen Versuch stellt die vorliegende Schrift dar. Wir beabsichtigen ferner, eine Geschichte der Entwicklung dieser Forderung zu geben, indem wir dieselbe aus den Zeiten und Völkern heraus, in denen sie entstand, erklären wollen. Bei dem großen Umfange des Materials und dem Mangel an Vorarbeiten erschien es schwer, ja fast unmöglich, eine erschöpfende Darstellung zu geben, doch haben wir uns bemüht, nichts Wesentliches unberücksichtigt zu lassen.

Während wir unsere Arbeit niederschrieben, erschien eine neue Schrift zur Verteidigung des fraglichen Rechtes: „Das Recht auf Arbeit" von Haun (Berlin 1889). Diese Schrift konnte uns nur insofern zur Berücksichtigung zwingen, als es angemessen erschien, die wesentlichsten der darin enthaltenen zahlreichen Irrtümer zu berichtigen.

Heidelberg, Januar 1891.

**Berthold Prochownik.**

# Inhaltsverzeichnis.

# Einleitung.

„Wenn der Gedrückte nirgends Recht kann finden,
Wenn unerträglich wird die Last — greift er
Hinauf getrosten Mutes in den Himmel
Und holt herunter seine ew'gen Rechte". (Schiller, Tell.)

Unter diesen ewigen, Natur-, Ur-, Grund- oder Menschenrechten hat man zu verschiedenen Zeiten die verschiedensten
Dinge verstanden, das Recht der Freiheit, der Gleichheit, der
Existenz u. a. m. Wir haben es hier mit dem angeblichen Menschenrechte auf Arbeit zu thun. Da nun nicht allein bei dem
großen Publikum, sondern selbst bei Schriftstellern, die sich
mit diesem Gegenstande beschäftigt haben, die unklarsten Anschauungen über den Begriff des Rechtes auf Arbeit zu finden
sind, so ist es vor allem nötig, genau festzustellen, was wir
unter dem Recht auf Arbeit zu verstehen haben. Das Recht
auf Arbeit ist der Rechtsanspruch jedes Staatsangehörigen an
den Staat, (ev. jedes Menschen an die Menschheit); es ist
als solches also einklagbar, doch gilt es natürlich nur für den,
welcher sich im Zustande der Bedürftigkeit befindet. Der
Inhalt des Rechtes ist die Versorgung mit Arbeit, aber nicht
etwa gegen die Gewähr eines Existenzminimums, sondern, so
ist die Forderung der Sozialisten, gegen angemessenen, dem
Wert der Leistung entsprechenden Lohn. [1]) Dieser Lohn soll
eine standesgemäße Lebensweise ermöglichen, den Arbeiter in

---

[1]) Viele Sozialisten verlangen sogar, daß dieser Staatslohn auf das
Steigen des Privatlohnes einwirken soll, daß er also höher sei.

stand setzen, eine Familie zu gründen und Weib und Kindern ein gesichertes Dasein zu schaffen. Nun wäre es aber ein zweifelhaftes Recht für einen Schreiber oder Weber, sich etwa durch Aufwerfen von Dämmen oder Pflastern von Straßen ernähren zu dürfen. Seine Kräfte würden bei weitem nicht ausreichen, sich hierdurch auch nur den allernotdürftigsten Unterhalt zu verschaffen. Soll daher das Recht auf Arbeit ein Recht und kein Unrecht sein, so muß es eine den Fähigkeiten entsprechende Arbeit verlangen. Ferner fordern die Sozialisten das Recht auf Arbeit vor allem deshalb, weil es die freie Entwickelung der Persönlichkeit bewirken solle, weil es dem Menschen die Erfüllung der sittlichen Aufgabe auf Erden, die ihm als Glied der menschlichen Gemeinschaft, als Mitglied eines Staatswesens gestellt ist, ermöglichen solle. Kein Mensch wird aber so töricht sein zu glauben, daß Steine klopfen die Individualität eines Göthe zu entwickeln vermöge, daß Erde schaufeln die sittliche Aufgabe eines Humboldt erfülle. Das Recht auf Arbeit muß also eine den Anlagen und Neigungen des Betr. entsprechende Arbeit fordern.[1]) Fassen wir jetzt das Gesagte zusammen, so ergiebt sich folgende Definition: Das Recht auf Arbeit ist der einklagbare Rechtsanspruch jedes im Zustande der Bedürftigkeit befindlichen Angehörigen eines Staates an diesen auf eine seinen Fähigkeiten, seinen Anlagen und Neigungen entsprechende und angemessen bezahlte Arbeit.

Vom rein ethischen Standpunkt betrachtet, ist die Forderung des Rechtes auf Arbeit ein Zeuge für die sittliche Vervollkommnung des menschlichen Charakters. Aus dem hungernden Sklaven, dessen Hand bittend nach dem Kleide des Reichen faßt, um sich ein Stück Brot zu erbetteln, ist der seiner Menschenwürde bewußte Arbeiter geworden, der, ob auch mit Not und Elend kämpfend, doch nicht die Stellung aufgeben will, welche die Natur einem jeden Menschen angewiesen hat. Sie verlangen kein Brot, sondern Arbeit, sie fordern kein Mitleid, sondern ihr Recht, oder — was sie für ihr Recht halten. Zwei Jahrtausende hat es gedauert, bis die erwachte Menschenwürde den Ruf „panem et circenses" in den des „Rechtes

---

[1]) Wir werden auf diese beiden letzten Punkte in der Widerlegung des Rechtsanspruches auf Arbeit noch näher einzugehen haben.

auf Arbeit!" verwandelte. [1]) Welche großartigen Umwälzungen mußten die Anschauungen, die sittlichen Begriffe der menschlichen Gesellschaft erfahren, um ein derartiges Resultat zu erzeugen! Wenn wir diese Umwandlungen begreifen wollen, so müssen wir die Entstehung des Rechtes auf Arbeit, seine Geschichte festzustellen suchen; denn es ist nicht nur „ein groß Ergötzen, sich in den Geist der Zeiten zu versetzen" sondern eine Bedingung für jegliches Fortarbeiten, auf welchem Gebiet es auch sei.

Bevor wir jedoch hierzu übergehen, haben wir eine wichtige Vorfrage zu diesem Gegenstande, die des „Rechtes auf Existenz" zu erledigen. Von der Stellung zu dieser Frage hängt auch die des Rechtes auf Arbeit ab. Wer das Recht auf Existenz leugnet, der überhebt sich der Mühe einer Diskussion über das auf Arbeit; nur diejenigen, welche jenes in ihrem vollen Umfange anerkennen, können sich in eine Untersuchung über die Forderung des Rechtes auf Arbeit einlassen.

---

[1]) Chez les modernes, travailler est plus qu'un droit, c'est une nécessité pour quiconque ne peut vivre sans rien faire. Chez les anciens, travailler était moins qu'un devoir; ce n'était pas même une nécessité pour quiconque était citoyen, fût-il citoyen des plus pauvres.

Moreau-Christophe, Du droit à l'oisivité dans les républiques grecques et romaine. Paris 1849. Introduction, p. II.

# Das Recht auf Existenz.

Wenn die Anerkennung eines Rechtes auf Existenz dem Altertum auch völlig unbekannt war, so ist doch „das vermeintlich logische Postulat, die in Not geratenen Arbeiter mit ihren Familien umkommen zu lassen, damit die übrig Bleibenden ein besseres Leben führen können",[1] nirgends zur Anwendung gekommen.

Wohl nie hat sich in Wahrheit ein Mensch auf den Standpunkt gestellt, welchen Varlin in seiner Verteidigungsrede der Streikenden zu Roubaix [1867] verurteilt, „daß kein Mensch den Arbeiter zwinge, am Leben zu bleiben, sobald er nichts mehr habe, sein Leben zu fristen."[2] Aber erst den verschiedenen Religionen, besonders der christlichen, blieb es vorbehalten, eine Pflicht der Unterstützung der Notleidenden zu verkünden. Doch eine weite Kluft trennt die Pflicht der Unterstützung von dem Rechte auf eine solche. Dieses Recht auf Unterstützung, auf Existenz anerkannt zu haben, ist eine Errungenschaft der modernen Zeit, hervorgegangen aus der Anerkennung des Rechtes der Persönlichkeit.

Voll und klar ausgesprochen ist dieses Recht nur in der Gesetzgebung Englands.[3] In anderen Ländern spricht die

---

[1] Knies, Politische Oekonomie. Braunschweig 1888, S. 345.
[2] Meyer, Emanzipationskampf des 4. Standes. Berlin 1874, II, S. 549.
[3] Emminghaus, Das Armenwesen und die Armengesetzgebung in europäischen Staaten. Berlin 1870, S. 12.

1

Gesetzgebung, soweit sie sich überhaupt mit diesem Gegenstande beschäftigt, nur von einer Pflicht der Unterstützung von Seiten des Staates, so daß preußische Landrecht Titel 19, Teil IV, § 1: „Dem Staate kommt es zu, für die Ernährung und Verpflegung derjenigen Bürger zu sorgen, die sich ihren Unterhalt nicht selbst ... verschaffen können". Nach dem deutschen Reichsgesetz über den Unterstützungswohnsitz § 61 liegt ebenfalls nur eine Pflicht des Staates zur Unterstützung, kein Recht darauf von Seiten der Staatsangehörigen vor.

Aber selbst in England ist das Recht auf Existenz kein einklagbares, also kein volles Recht vom juristischen Standpunkt. Als wirklich einklagbares Recht bestand es nur in der Gesetzgebung Mecklenburgs.[1]) Doch selbst in den Ländern, in welchen das Recht auf Existenz in der Theorie verworfen wird, wie in Frankreich,[2]) wird dasselbe in der Praxis anerkannt.[3])

In theoretischen Erörterungen hat es nicht an solchen gefehlt, welche dieses Recht des Menschen kurzweg geleugnet haben. So sagt in ähnlichem Gedankengange Herber: „Die Natur braucht Keime, unendlich viel Keime. Sie mußte auf Verluste rechnen, weil Alles zusammengedrängt ist, und Nichts eine Stelle findet, sich ganz zu entwickeln". Denselben Gedanken in der schroffsten Form drückt der bekannte Satz von Malthus aus: „Ein Mensch, welcher eintritt in eine schon okkupirte Welt, hat, falls seine Familie ihn nicht zu ernähren vermag, und niemand seiner Arbeit bedarf, nicht das geringste Recht auf irgend einen Anteil an dem Schatze der Unterhaltsmittel. Er ist durchaus überflüssig auf der Erde, findet kein Gedeck beim großen Gastmahl der Natur. Sie, die Natur, befielt ihm von bannen zu gehen und zögert nicht, den Vollzug ihres Befehles selbst zu erzwingen".[4])

---

[1]) Emminghaus a. a. O. S. 213.
[2]) Ebenda S. 601.
[3]) Vergl. Reitzenstein, Die Armengesetzgebung Frankreichs, im Jahrbuch für Gesetzgebung, herausg. von Schmoller. Leipzig 1881, Jahrg. 5.
[4]) Essay on the principles of population, 1798. Malthus ließ diesen Satz, da er zu viel Anstoß erregte, in den späteren Auflagen seines Buches fort.

Wenn aber diese Schriftsteller kaum geneigt waren, die vollen Konsequenzen ihrer Schlüsse zu ziehen, so giebt es andere, die den hilflosen Zustand der Armen als ein Naturgesetz an-sehen und deshalb alle Mittel zur Hilfe als verfehlt betrachten, so u. a. Treitschke in seinem Aufsatz über „Sozialismus und Kommunismus",[1] und E. Fries, der sich mit dem Satze tröstet: „Für den denkenden Menschen ist es nämlich klar, daß der traurige Zustand der Menschen, wonach die Mehrheit derselben zur Armut verdammt ist, seine Ursachen in den un-abänderlichen Einrichtungen und Gesetzen der Natur hat".[2]

Andere versuchen die Armen mit religiösen Tröstungen zu entschädigen, so in einer 1849 erschienenen Schrift der Dom-herr Hirscher in Freiburg. „Das Glück ist so wenig von außenher bedingt, daß zum Beispiel, wer der Gaumenlust und dem Neid entwachsen und bei Gott in Gnaden ist, sich, ob er auch nur Kartoffeln zu essen hätte, nichts weniger als unglücklich fühlt".[3]

Wieder andere sehen die Unterstützung der Armen nicht als ein Recht, sondern nur als Pflicht der Nächstenliebe an, so Thornton: „Nur aus dem Gebote der Nächstenliebe, nicht aus irgend einem Rechte, läßt sich ihre (der Gesellschaft) Verpflich-tung herleiten, dem Hungernden Nahrung und dem Unbeschäftigten Arbeit zu verschaffen".[4]

Die bei weitem größte Anzahl derer jedoch, welche sich mit diesem Gegenstande beschäftigt haben, erkennen den Menschen ein unbedingtes Recht auf Erhaltung ihres Lebens zu. Wir führen, von der großen Anzahl hierher gehöriger Meinungs-äußerungen nur folgende an:

„Ein jeder Mensch soll im Staate die notwendigsten Be-dingungen der Erhaltung des Lebens gewährt erhalten, und alle Staaten sorgen auch hierfür durch die Organisation des Armenwesens, wenn sie auch das natürliche Recht, aus

---

[1] Preußische Jahrbücher. Berlin 1874.
[2] Fries, Die sogenannte soziale Frage. Zürich 1878, S. 8.
[3] Obiger Tröstung schließt sich an: Schwarzkopf, Arbeit und Arbeiter. Heidelberg 1881, S. 18.
[4] Thornton, Die Arbeit, ihre unberechtigten Ansprüche und be-rechtigten Forderungen. Uebers. von Schramm. Leipzig 1870, S. 105.

besonderen, in diesen annormalen Zuständen liegenden Gründen, nicht zugleich, durch das Gesetz, als ein formelles Recht anerkennen".[1]

„Alle Angehörigen eines Volkes müssen, soweit dies die Größe des gesamten Volkseinkommens gestattet, und soweit nicht eine persönliche Schuld des Einzelnen es hindert, die Existenzbedürfnisse im absolut unumgänglichen Umfange befriedigen können".[2]

Eine ähnliche Tendenz weist die kaiserliche Botschaft vom 17ten November 1881 auf, in der es u. a. als Ziel hingestellt wird, „den Hilfsbedürftigen größere Sicherheit und Ergiebigkeit des Beistandes, auf den sie Anspruch haben, zu verschaffen."

Wir untersuchen im Folgenden, was sich für und gegen die Anerkennung des Rechtes auf Existenz sagen läßt, jenes Rechtes, das in der That „mit uns geboren ist".

Das Recht auf Existenz ist ein Notrecht, der Hungernde befindet sich im Zustande der Notwehr; für ihn existirt in diesem Falle der staatliche Verband nicht mehr, da er von demselben ausgestoßen ist. Er befindet sich im Naturzustande und ist berechtigt, sich alles dessen zu bemächtigen, was er durch List oder Gewalt erreichen kann; „der alte Urstand der Natur kehrt wieder". Gewalt geht hier vor Recht, denn kein noch so beweiskräftiges Argument wird den Armen überzeugen, daß ein Zustand der Gesellschaft, der einen Teil ihrer Mitglieder zum Hungertode verdammt, ein gerechter sei.[3]

---

[1] Ahrens, Rechtsphilosophie. Wien 1852, S. 192.
[2] Wagner, Lehrbuch der politischen Oekonomie. Leipzig 1877, I S. 148.
[3] Robbertus sagt: „Wir dürfen hier wohl fragen, ob der, welcher nach Brot verlangt und es vor Augen hat, sich mit dem Beweise begnügen wird, daß keins für ihn da sei." Robbertus-Jagetzow, Zur Beleuchtung der sozialen Frage, Teil II. Berlin 1885, S. 200 f. Und ähnlich läßt schon im Jahre 1775 der französische Minister Necker die Arbeitern ausrufen: „Was helfen uns eure Eigentumsgesetze? Wir besitzen ja nichts. Was eure Gesetze der Gerechtigkeit? Wir haben ja nichts zu vertheidigen. Was eure Gesetze der Freiheit? Wenn wir morgen nicht arbeiten, müssen wir verhungern." Ueber den Kornhandel. Uebers. Dresden 1777, S. 298.

„Der oberste Zweck des Individuums ist die Selbster=
haltung, und um diese zu bewirken, ist ihm die Aufgabe ge=
stellt, sich den status quo der Außenwelt nicht gefallen zu
lassen, sondern gegen ihn anzukämpfen, überall wo derselbe der
Entfaltung des Ichs feindlich gegenübersteht.[1]) Wenn wir
ferner nach dem Grunde des Pauperismus forschen, so ergiebt
sich, daß durch die Besitznahme des Bodens den Nichtbesitzenden
die Mittel, die Gelegenheit zum Arbeiten genommen sind. Die
beati possidentes sind also verpflichtet, diese Expropriirten
wenigstens durch Gewährung eines Existenzminimums zu ent=
schädigen. Was aber vor allem die Anerkennung und praktische
Durchführung des Existenzrechtes als notwendig erscheinen läßt,
ist der Standpunkt der Zweckmäßigkeit.

Die Armut ist der Heerd aller Verbrechen und sozialen
Krankheiten. Unzählbar ist die Menge derjenigen, welche der
Hunger zu Verbrechern gemacht hat. Die Moralstatistik hat
nachgewiesen, daß mit jedem Groschen, um den der Brotpreis
steigt, die Verbrechen gegen das Eigentum zunehmen.[2]) Der
malesuada fames führt gar leicht zum Verbrechen; auch ist
die Kunst zu betteln bekanntlich die nächste Verwandte der Kunst zu
stehlen. Ebenso groß ist die Einwirkung der Armut auf die
Entsittlichung der Bevölkerung,[3]) besonders des weib=
lichen Teiles. Trunksucht auf der einen und Prostitution
auf der anderen Seite rütteln an den Säulen des Familien=
lebens und stören den übercivilisirten Europäer aus seinem
lethargischen Schlummer auf. Unheimlich drohend zeigt uns
die Statistik die ungeheure Ansteckungskraft des Verbrechens

---

[1]) Hellwald, Kulturgeschichte. Augsburg 1875, S. 569.
[2]) Elend und Not, rief im Reichstage der Abgeordnete=Dr. Wendt
aus, erzeugen Verbrechen. Wo Sie in der Geschichte hinsehen, werden
Sie finden, wo der Mensch dauernd Hunger leidet, wird er zur Ver=
zweiflung, zum Verbrechen getrieben.
Sten. Ber. über die Verh. des Reichstages vom 12. Mai 1884.
[3]) Im Brantweinrausch sucht der Proletarier, für welchen beim
Bankett des Lebens kein Platz ist, momentane Vergessenheit seines
Elends. Scherr, Deutsche Kultur= und Sittengeschichte. Leipzig 1884,
S. 582. — In Osnabrück waren 1847 von 738 Unterstützten 410 in
Folge des Trunkes verarmt. Roscher, Ansichten der Volkswirtschaft.
Leipzig 1878, S. 81.

und der Unsittlichkeit. Mit Recht vergleicht Prosper Destinée den moralischen Ansteckungsprozeß mit dem Schwingen einer Saite, welches alle Saiten derselben Tonhöhe in Mitschwingung setzt.[1] Ein zweiter wichtiger Punkt sind die aus Hunger, ungenügender Nahrung und elenden Wohnungsverhältnissen entstehenden Krankheiten, deren Verbreitung durch Ansteckung die ganze Gesellschaft bedroht.[2]

Eine Pflicht des Staates zur Unterstützung derjenigen, die keine Gelegenheit finden, durch Arbeit ihren Unterhalt zu erwerben, geht schon aus Analogie hervor. Der durch Krankheit oder Altersschwäche Erwerbsunfähige ist nach heutigem Recht unterstützungsberechtigt; weshalb soll der durch Mangel an Arbeitsgelegenheit Erwerbsunfähige nicht dasselbe Recht beanspruchen können, wenigstens in den Fällen, wo keine persönliche Schuld vorliegt, sondern der gebrechliche Zustand der Gesellschaft die Ursache ist? Sucht doch der Staat zwangsweise das Leben der Staatsangehörigen durch Zwangsimpfung und viele andere Institutionen zu schützen (?), er ist also auch verpflichtet, sie vor dem Hungertode zu bewahren.

Eine merkwürdige Erscheinung, auf die schon Louis Blanc hingewiesen hat,[3] verdient noch erwähnt zu werden, nämlich die unverhältnismäßig gute Lebensweise in den Gefängnissen, die den Mittellosen leicht zum Verbrechen anreizen kann.[4] Marx führt nach amtlichen englischen Berichten folgende vergleichende Daten an:

Ein Verbrecher im Gefängnis von
Portland erhält 183,69 Unzen Nahrung.

---

[1] Schäffle, Bau und Leben des sozialen Körpers. Tübingen 1875, I S. 676.

[2] Vergl. Sybel, Die Lehren des heutigen Sozialismus und Kommunismus. Bonn 1872, S. 62 ff. und Cohn, Arbeit und Armut. Im Jahrbuch für Gesetzgebung, her. von Schmoller, Jahrg. 5 (1881), S. 1005.

[3] Blanc, Organisation der Arbeit. Uebers. Nordhausen 1847 S. 24 f.

[4] Es ist ein im täglichen Leben nicht seltener Fall, daß mittellose Menschen die Schaufenster der Läden einschlagen oder ähnlichen Unfug verüben, um auf diesem ungewöhnlichen Wege ein Unterkommen zu erlangen.

Ein Matrofe in der königlichen

Marine erhält 187,06 Unzen Nahrung.

| | | |
|---|---|---|
| Ein Soldat | „ 143,98 | „ „ |
| Ein Kutschenmacher (Arbeiter) | „ 190,82 | „ „ |
| Ein Setzer | „ 125,19 | „ „ |
| Ein Landarbeiter | „ 139,08 | „ „ [1] |

Wie im Evangelium der verlorene Sohn dem ordentlich gebliebenen vorgezogen wird nach dem Grundsatz, daß über einen Sünder, der Buße thut, mehr Freude sei als über neunundneunzig Gerechte (Ev. Lucä 15), so ist es noch heute. Für den entlassenen Sträfling wird in der ausreichendsten Weise gesorgt, wohlthätige Vereine versehen ihn mit Geld und Arbeit: den ehrlichen arbeitslosen Arbeiter läßt man verkommen. Es ist dies der merkwürdige Vorzug des „reuigen Sünders." —

Wir glauben im Vorigen die Richtigkeit der Forderung eines Rechtes auf Existenz nachgewiesen zu haben; betrachten wir nun, was man gegen ein solches Recht für Einwände gemacht hat.

Wäre der Boden, so führt Thornton aus, niemandem zugewiesen, so wäre er auch unbebaut und folglich verhältnismäßig unproduktiv gewesen. . . . . Das Höchste, was die Armen durch die Institution des Eigentums eingebüßt haben, ist ihr Anteil an dem, was der Boden hervorgebracht hätte, wäre er niemandem zugewiesen worden. Einen Ersatz für diesen Verlust ist das Höchste, was ihnen die Gesellschaft schuldet. Und die Schuld ist augenscheinlich so unendlich klein, daß die Brosamen, welche von den Tafeln der Reichen fallen, sie reichlich bezahlen. [2] Hiergegen machte schon Stuart Mill den richtigen Einwand, daß es zwischen der absoluten Zueignung des Bodens an Einzelne und der Verweigerung jedes Schutzes für den Genuß seiner Früchte ein Mittelding gebe, nämlich die zeitweilige Zueignung (Pacht), daß also die Schuld an die Armen keineswegs so gering sei. [3]

[1] Schäffle, Das gesellschaftliche System der menschlichen Wirthschaft. Tübingen 1873, II 424 f.
[2] Thornton a. a. O. S. 105.
[3] Stuart Mill, Gesammelte Werke, übers. v. Gomperz. Leipzig 1880, XII S. 137.

Man hat ferner gesagt, die Anerkennung des Rechtes auf Existenz lähme die Energie, sie verbreite Unfleiß, Leichtsinn und Verschwendung. Auch dieser Einwand ist unbegründet. Das zu gewährende Existenzminimum muß eben niedriger als der geringste Arbeitslohn bestimmt werden, so daß die Differenz zwischen diesem Minimum und dem Arbeitslohn noch einen genügenden Antrieb zur Thätigkeit bieten kann. Außerdem muß man bedenken, daß die beständige Furcht vor völliger Hilflosigkeit kaum ein Mittel zur Stärkung der Energie sein dürfte, im Gegenteil, sie lähmt und vernichtet dieselbe. Dagegen wird die Gewißheit für den Arbeiter, daß die Armut für ihn und seine Familie niemals bis zum völligen Elend anwachsen kann, ihm Ruhe, Sicherheit und Schaffensfreudigkeit geben.

Man hat weiter die beträchtlichen Mittel zur Durchführung eines solchen Rechtes und die Belastung der Steuerpflichtigen hervorgehoben. Dies würde nun an und für sich keinen Hinderungsgrund für ein klar erkanntes Recht bieten; außerdem steht es ja der Gesellschaft zu, die brach liegende Kraft der Arbeitslosen auszunutzen. „Jedem Recht steht gegenüber eine Pflicht."[1] Derjenige, welcher von der Gesellschaft Unterstützung beansprucht, ist verpflichtet, ihr alle seine Kräfte zur Verfügung zu stellen. Jedenfalls ist es besser, der Staat sucht die Arbeitslosen nach Möglichkeit gegen Gewährung eines Existenzminimums zu beschäftigen, als daß er abwartet, bis die durch Hunger und Elend krank gewordenen ihm zur Last fallen. Die Gegenpflicht der Arbeitsleistung ist noch aus anderen Gründen geboten, damit nämlich einerseits die auf andere Weise Unterstützten nicht durch Arbeitsangebot zu sehr niedrigem Preise die Löhne drücken, und weil andererseits viele Arbeiter, die außer Beschäftigung sind, dem Gewohnheitsbettel verfallen, und nur ein Teil in besseren Zeiten zu der verlassenen Arbeit zurückkehrt.

Es bleibt noch ein letzter Einwand übrig, daß nämlich die Gewährung dieses Rechtes der Volksvermehrung jegliche Schranken nehmen würde, wie dies die Zustände in England gezeigt haben. Der Einwurf wäre berechtigt, wollte man

---

[1] Wundt, Ethik. Stuttgart 1886, S. 494.

das Existenzrecht ohne jede Beschränkung anerkennen. Dies
darf nicht der Fall sein. Wenn die Gesellschaft die Pflicht
der Unterstützung anerkennt, so steht ihr das Recht zu,
diesem unterstützten Teile der Bevölkerung gewisse Vorschriften
zu machen, vor allem die, die Zahl der Unterstützten nicht zu
vergrößern. Ihnen die Ehe und damit die Erlaubnis, beliebig
viel neue mittellose Wesen in die Welt zu setzen, gestatten,
hieße das Uebel, welches man heilen will, zu einem chronischen
machen. Nicht für das kommende, sondern nur für das gegen-
wärtige Geschlecht kann die Gesellschaft verpflichtet werden, zu
garantiren. Diesen Standpunkt vertritt auch Stuart Mill,
der „allenfalls den Individuen ein unbedingtes Existenzrecht,
nicht aber das Recht, beliebig viel neue Individuen in Existenz
zu setzen",[1] gewährt wissen will.

Eine nicht zu leugnende Schwierigkeit bietet die Bestimmung des Existenzminimums. Jedenfalls muß dies unter dem
geringsten üblichen Lohne stehen, wenn dieser auch oftmals nicht
den Anforderungen einer menschenwürdigen Lebenshaltung entsprechen mag.

Wir haben also gesehen, daß nicht allein Humanitäts-
und Zweckmäßigkeitsgründe, sondern vor allem der Schutz der
bestehenden Gesellschaftsordnung es gebieten, dem Armen ein
Recht auf die Erhaltung seines Lebens zu gewähren. „Vergebens ist das Ansinnen der Rechtsgesellschaft an den einzelnen
Menschen, die bestehenden Rechte zu respektieren, wenn sich
dieser einzelne innerhalb des bestehenden Rechtssystems wie ein
Vergessener vorkommt, angewiesen auf die wenig trostvolle
Aussicht, in diesem System zu verhungern."[2]

Wir haben zum Schluß noch einen Blick auf den Stand
dieser Frage im praktischen Leben zu werfen. Ein wirkliches Recht
auf Existenz ist, wie schon erwähnt, nirgends in der Gesetzgebung
anerkannt, und so wünschenswert dies auch vom Standpunkt der
Humanität nicht nur, sondern auch von dem der Vernunft wäre,
es ist nur wenig Aussicht vorhanden, daß ein solches Recht bei den
vorhandenen gesellschaftlichen Verhältnissen je zur Geltung ge-

---

[1] A. a. O. VI S. 23.
[2] Lindner, Ideen zur Psychologie der Gesellschaft. Wien 1871,
S. 317.

langen wird. Die praktische Handhabung pflegt allerdings nie
ganz so grausam zu sein als das theoretische Gesetz, und so ist es
im allgemeinen nicht Usus, die keinen Erwerb findenden Arbeiter
verhungern zu lassen. Wer jedoch einigermaßen zu beobachten Gelegenheit hatte, wie und in welcher Gestalt dieses „Almosen" ver-
abreicht zu werden pflegt, mit welcher Härte und Rohheit die damit
betrauten niederen Organe der Polizei vielfach verfahren, der
muß sich sagen, daß dieses Almosen von einem Recht auf
Existenz mindestens eben so weit entfernt ist, als ein Mittag-
essen in der Volksküche von einem Diner bei „Dressel".

Nachdem wir die Vorfrage des Rechtes auf Existenz untersucht haben und zu dem Resultat der Bejahung dieser Frage
gelangt sind, gehen wir nunmehr zu der Besprechung des
eigentlichen Gegenstandes unserer Untersuchung, der Forderung
des Rechtes auf Arbeit, über. Wir beginnen damit, die Geschichte dieser viel umstrittenen Frage festzustellen.

# Die geschichtliche Entwickelung des Rechtes auf Arbeit.

## Vorgeschichte des Rechtes auf Arbeit.

### a. Angebliche Vorgeschichte.

Es ist in neuerer Zeit eine Manie mancher Geschichts-schreiber geworden, den Ursprung durchaus moderner Gedanken und Bewegungen in möglichst frühe Zeiten zurückzuverlegen, um denselben durch dieses Alter gleichsam den Stempel der Heiligkeit aufzudrücken, denn „was grau vor Alter ist, das ist ihm göttlich." Diese Bemühungen, den armen Epigonen jegliche Originalität abzusprechen, haben besonders in der volkswirtschaftlichen Wissenschaft zahlreiche Früchte gezeitigt; kaum giebt es noch irgend einen Lyriker oder Dramatiker der Vorzeit, dem nicht irgend ein findiger Kopf bewiesen hat, daß er ein bedeutender Nationalökonom gewesen.

Auch die Frage des Rechtes auf Arbeit hat ihren Alter-tumsforscher gefunden. „Das Recht auf Arbeit, so belehrt uns derselbe, ist uralt. Nur ist zunächst, da ja auch das Einzelwesen erst durch Pflichtgewöhnung zum rechten Gebrauch und zum vollen Genuß seiner Rechte erzogen wird, in der Kindheit der Menschheit eine Pflicht zur Arbeit ausgesprochen."[1] Die Telegraphie ist uralt, nur existirte sie früher in Ge-

---

[1] Haun a. a. O. S. 5.

ſtalt reitender Boten, könnte man darauf antworten, wenn
derartige Albernheiten eine Erwiderung verdienten.

Würdiger der Widerlegung iſt die ziemlich allgemein aus=
geſprochene Anſicht, die heutige Forderung des Rechtes auf
Arbeit ſei in den Zünften verwirklicht geweſen.

In gewiſſem Sinne iſt dieſe Behauptung nicht ganz
unrichtig. Die Obrigkeit richtete in jenen Zeiten ihr Augen=
merk in der That darauf, den Unbeſchäftigten nach Möglich=
keit Mittel zu ihrer Ernährung zu verſchaffen.[1] Von einem
wirklichen Rechte auf Arbeit kann aber bei den Zünften keine
Rede ſein, ſondern höchſtens von einem Rechte auf Almoſen,
das in dem beſchränkten Kreiſe der Zünfte, jedoch durch
Selbſthilfe, nicht durch Staatshilfe, durchgeführt wurde. Unter=
wegs mußte ſich der Geſelle durch ſeine Arbeit erhalten, wo
aber ſolche nicht zu finden war, da erhielt er einen beſtimmten
Betrag als Unterſtützung, das Geſchenk, wie es offiziell
genannt wurde.[2] Jeder in eine Stadt Kommende ſollte,
wenn Arbeit vorhanden war, in Arbeit treten, war keine vor=
handen, erhielt er das Geſchenk.[3] Um dies Geſchenk zu
ermöglichen, mußte jeder am Orte arbeitende Geſelle wöchent=
lich ein Beſtimmtes beitragen, oder der Bedarf wurde aus=
geſchlagen. Waren keine Geſellen am Orte in Arbeit, ſo
hatten die Meiſter dem Zuwandernden für Notdurft, Eſſen,
Trinken und Nachtlager zu ſorgen.[4] Es war dies alſo eine
Einrichtung, wie ſie heute ähnlich in den engliſchen Gewerk=

[1] Vergl. die vielfachen Nachweiſe bei Schönberg. Zur wirthſchaft=
lichen Bedeutung des Zunftweſens im Mittelalter. Hildebrands Jahr=
bücher für Nationalökonomie und Statiſtik. Jena 1867, IX S. 16 ff. —
Dieſe Fürſorge der Obrigkeit tritt z. B. deutlich hervor in einer Be=
ſtimmung des Rats zu Lübeck betreffs Uebertragung der Goldſchmieds=
buben vom Jahre 1531, welche mit den Worten beginnt: De erſame
rabt der ſtadt Lübeck heſſt in betrachtinge genommen datt na gelegen=
heitt buſſer tibt dem ampte der goldtſmede darſulveſt an oren neringe
affbrock wert thokamen, und darynnen vor gudt angeſehen, darmit be
perſonne deſſulven amptes by lives neringe bliben, ock tho orer kinder
erliker verſorginge deſto beth geraben mochten, deme ampte natogebenn
u. ſ. w. (Wehrmann, Die älteren lübeckiſchen Zunftrollen. Lübeck
1864, S. 222.)
[2] Stahl, Das deutſche Handwerk. Gießen 1874, I 372.
[3] Ebenda S. 378.
[4] Ebenda 379 f.

vereinen burchgeführt wirb, welche jeboch mit einem Recht auf
Arbeit absolut nichts zu thun hat.

Man könnte vielleicht noch cum grano salis von einem
Recht auf Arbeit ber Meister untereinanber reben, ba jebem
burch bie fest abgeteilte Zunftorbnung ber Absatz gesichert
war, unb nicht mehr bas Meisterrecht erlangten, als ber
Bebarf es verlangte. Doch war bles in Wahrheit nur ein
angemaßtes Monopol, bas Recht bes Stärkeren, sich auf
Kosten ber Gesellen unb vor allem ber Nicht=Zünftigen es
wohl sein zu lassen. Dann aber beruhten alle jene Institu=
tionen auf Selbsthilfe, auf gegenseitiger Versicherung: ein
wesentliches Merkmal ber sozialistischen Forderung bes Rechtes
auf Arbeit liegt jeboch gerabe barin, baß man es burch
Staatshilfe verlangt.

Es ist also falsch, bas Recht auf Arbeit in ben Zünften
zu suchen.

Die Gewährung ber Forderung bes Rechtes auf Arbeit
hat man ferner in bem Armen=Ebikt ber Königin Elisabeth vom
Jahre 1601 zu finden gemeint. [1]

Die betr. Stelle lautet: Die Armenaufseher haben nach
Benehmen mit ben Friebensrichtern bie nötigen Maßregeln
zu ergreifen, um ben von ihren Eltern verwahrlosten Kinbern,
sowie überhaupt allen verheirateten Personen, benen es an
Vermögen ober Broterwerb gebricht, Arbeit zu geben, unb zu
biesem Behuf von allen Grunbherrn ihres Kirchspiels eine zur
Beschaffung von Hanf, Flachs, Wolle, Eisen ober anberem
Arbeitsmaterial genügenbe Taxe zu erheben. (Act for the reliot
of the poor: 43 Elizabeth c. 2, 1601 sect. 1.)

In Wahrheit enthält biese Verordnung nur bie Bestim=
mung, bie Armen nach Möglichkeit zu beschäftigen, von einem
Recht ber Armen ist garnicht bie Rebe; gerabe ber Rechts=
anspruch aber ist bas Charakteristische an bieser Forderung. [2]

<hr>

[1] Haun a. a. O. S. 11 unb Ofner, Das Recht auf Arbeit.
Wien 1885, S. 4.
[2] Dieselbe Ansicht vertritt auch Aschrott, Das englische Armen=
wesen. Leipzig 1886, S. 10 ff. (In ben staats= unb sozialwissen=
schaftlichen Forschungen, her. von Schmoller.)

Es ist zu verwundern, daß man dieselbe Entdeckung nicht auch in der weit älteren Armenordnung Nürnbergs vom Jahre 1522 gemacht hat. Auch diese verordnet, daß den Personen, die arbeiten können, sobald wie möglich Arbeit nachgewiesen werden solle, um sie der Armut zu entreißen.[1]) Dieselbe Tendenz, welche eben von dem Recht auf Arbeit grundverschieden ist, verfolgt auch das Edikt Franz I. vom Jahre 1536, welches bestimmt, daß arbeitsfähige Arme unbedingt zur Arbeit angehalten werden sollen.[2])

Ein anderer, dem das Recht auf Arbeit aufoktroirt wurde, ist der englische Philosoph Locke.[3]) Herr Haun behauptet kaltblütig, Locke habe das Recht auf Arbeit anerkannt, giebt jedoch vorsichtiger Weise keinen einzigen Beleg, um die Gefahr der Widerlegung zu verringern. In Locke's Werken ist jedoch keine einzige Stelle enthalten, die von einem Rechte auf Arbeit spricht, dagegen manch eine, aus der eine verworrene Phantasie dergleichen herauslesen konnte. Wir geben alle hier zu berücksichtigenden Stellen aus Locke's Werken in wortgetreuer Uebersetzung wieder:

„Die Erde und alles, was sich auf ihr befindet, ist den Menschen zur Erhaltung und Erleichterung ihres Lebens gegeben worden. . . . . . Die Arbeit seines Körpers und die Werke seiner Hände können wir sein Eigentum nennen."[4])

„Da diese Arbeit das unzweifelhafte Eigentum des Arbeiters ist, kann niemand als er selber ein Recht auf dasjenige haben, was sich einst aus ihr ergeben wird, wenigstens wo noch genug vorhanden ist, das auch andern als gemeinschaftliches Gut überlassen wird. Als Gott die Welt allen Menschen als gemeinsames Gut gab, befahl er den Menschen zu arbeiten, und die Dürftigkeit seiner Lage erheischte es von ihm."[5])

„Da der Mensch, wie bewiesen wurde, mit einem Anrecht auf völlige Freiheit und mit einem unbeschränkten Genuß aller Rechte

---

[1]) Waldau, Vermischte Beiträge zur Geschichte der Stadt Nürnberg. Nürnberg 1789, IV S. 426 ff.
[2]) Siehe Reitzenstein a. a. O. S. 561.
[3]) Haun a. a. O. S. 12.
[4]) Locke, On civil government. Works London 1714, II p. 166.
[5]) Ebenda p. 167.

2

und Privilegien des Naturrechts, zugleich mit irgend einem
andern oder einer Anzahl von Menschen in der Welt geboren
wird, ist er von Natur dazu ermächtigt, sein Eigentum, d. h.
sein Leben, seine Freiheit und sein Vermögen, gegen die Ver=
letzungen und Angriffe anderer zu schützen."[1]

Man sieht, von einem Recht auf Arbeit ist hier garnicht
die Rede, sondern nur von einem Recht auf den vollen Arbeits=
ertrag und von der Pflicht zur Arbeit. Ferner tritt Locke energisch
für das Recht der Arbeit, d. h. für die Gewerbefreiheit, ein,
und es läßt sich wohl annehmen, daß Haun dieses mit dem
Recht auf Arbeit verwechselt hat, da er diesen Irrtum des
Oefteren begeht.[2]

Wenn Herr H. dann in dem Satze des Kommunisten
Morelly, „Jeder Bürger soll auf öffentliche Kosten unterhalten
und beschäftigt werden"[3], das Recht auf Arbeit wiederfindet,[4]
so kann man nur über die Größe staunen, welche eine Be=
griffsverwirrung zu erreichen im stande ist.

Weiter hat diese hochgesteigerte Begriffsverwirrung, ver=
bunden mit der Unkenntnis der französischen Sprache, in dem
bekannten Erlaß Ludwigs XVI. bei Aufhebung der Zünfte
(Februar 1876) das Recht der Arbeit, die Gewerbefreiheit,
mit dem Recht auf Arbeit verwechselt.[5] Der betr. Passus
der Einleitung dieses von Turgot verfaßten Ediktes lautet ins
Deutsche übertragen folgendermaßen:

„Wir schulden es allen Unseren Unterthanen, ihnen den
vollen und ganzen Genuß ihrer Rechte zu sichern; besonders
schulden Wir diesen Schutz jener Klasse von Menschen, welche,
da sie außer ihrer Arbeit und ihrem Fleiß kein anderes Eigen=
tum besitzt, daher um so mehr das Bedürfnis und das Recht
hat, diese ihre einzige Existenzquelle im vollen Umfange zu
benutzen. [Mit Schmerz haben Wir die vielfachen Verletzungen

---

[1] Ebenda p. 182.
[2] Z. B. S. 14 seiner Schrift.
[3] Der Satz ist aus dem Code de la nature (1775) und lautet
im Original: Tout citoyen sera homme public, sustenté, entretenu
et occupé aux dépens du public. Siehe Tocqueville, L'ancien régime
ou la révolution. Paris 1856, p. 250 f.
[4] Haun a. a. O. S. 13.
[5] Ebenda S. 14.

gesehen, welche dieses natürliche und allgemeine Recht durch Einrichtungen erfährt, die allerdings alt sind, die aber weder durch die Zeit, noch durch die herrschende Meinung, noch selbst durch die Handlungen der Autorität, welche sie zu heiligen schien, legitimirt werden konnten. Dieser Wahn ist bei manchen Personen so weit gestiegen, daß sie meinten, das Recht zu arbeiten (droit de travailler) wäre ein königliches Recht, welches der Fürst verkaufen könnte, und welches die Unterthanen erkaufen müßten. Wir beeilen uns, einen derartigen Grundsatz zu verwerfen.] Indem Gott dem Menschen Bedürfnisse gegeben und ihn zur Arbeit genötigt hatte, damit er davon lebe, machte er das Recht zu arbeiten zum Eigentum eines jeden Menschen; und zwar ist dieses das erste, heiligste und unverjährbarste Eigentum von allen. Wir betrachten es daher als eine Unserer ersten Gerechtigkeitspflichten und eine der Unseres Wohlwollens würdigsten Handlungen, Unsere Unterthanen von allen Fesseln zu befreien, welche dieses unverjährbare Menschenrecht beschränkten. Daher wollen Wir die willkürlichen Einrichtungen abschaffen, welche dem Armen nicht erlauben, von seiner Arbeit zu leben."[1]

Diese grobe Verwechslung des droit de travailler (Gewerbefreiheit) mit dem droit au travail scheint bei Haun sogar auf einer absichtlichen Entstellung zu beruhen, denn gerade jene (in unserm Text in [ ] gesetzte) Stelle, aus welcher zur Evidenz hervorgeht, daß nur die Gewerbefreiheit gemeint ist, wird von ihm fortgelassen.

Auch der sonst ziemlich gründliche Marlo ist erstaunlicher Weise in denselben Irrtum verfallen.[2] Eine weit verbreitete Ansicht, zu der ja auch Bismarck sich bekannt hat, ist es ferner, daß im preußischen Landrecht das Recht auf Arbeit gewährt worden sei.[3]

Die angezogene Stelle lautet:[4]

---

[1] Edit du roi, portant suppression des jurandes. Oeuvres de Turgot, Paris 1844, II p. 302 ff.

[2] Marlo, Untersuchungen über die Organisation der Arbeit oder System der Weltökonomie. Tübingen 1884, II S. 196.

[3] Haun a. a. O. S. 14 f. und Stöpel, Soziale Reform III, Das Recht auf Arbeit. Leipzig 1884, S. 14.

[4] Preußisches Landrecht, Teil II Titel 19.

§ 1. Dem Staate kommt es zu, für die Ernährung und Verpflegung derjenigen Bürger zu sorgen, die sich ihren Unterhalt nicht selbst verschaffen, und denselben auch von anderen Privatpersonen, welche nach besonderen Gesetzen dazu verpflichtet sind, nicht erhalten können.

§ 2. Denjenigen, welchen es nur an Mitteln und Gelegenheit ihren und der Ihrigen Unterhalt selbst zu verdienen, ermangelt, sollen Arbeiten, die ihren Kräften und Fähigkeiten gemäß sind, angewiesen werden.[1]

Wir haben schon vorhin gesagt, das Wesentlichste an der Forderung des Rechtes auf Arbeit ist der Umstand, daß es als Recht verlangt wird. Davon ist jedoch im Pr. Landrecht garnicht die Rede; der § 2 soll nur eine Anweisung für die Versorgung arbeitsfähiger Armen geben, eine Ansicht, die auch Löning[2] und Menger vertreten,[3] während Ströll[4] meint, es sei „gewissermaßen“ anerkannt worden.

Das entscheidende Merkmal ist der mangelnde civilrechtliche Anspruch, ohne welchen man von einem Rechte auf Arbeit nicht reden kann. Auch Emminghaus protestirt dagegen, daß aus dem § 2 des Landrechts ein sozialistisches Recht auf Arbeit gegen den Staat gefolgert werde. „Wie wenig daran gedacht werden konnte, sagt er, geht aus der Handhabung des Armenwesens selbst hervor, woraus zu keiner Zeit auf eine direkte materielle Beteiligung des Staates gefolgert werden kann.“[5]

Wir haben hiermit die angebliche Vorgeschichte des Rechtes auf Arbeit erledigt. Es giebt noch etliche Schriftsteller vor

---

[1] In dem ersten Entwurf (1784—88) lauteten diese §§ folgendermaßen:

§ 1. Der Staat ist schuldig, für die Ernährung und Verpflegung derjenigen Bürger zu sorgen, die sich solche selbst zu verschaffen nicht im Stande sind.

§ 2. Denjenigen, welchen es nur an Mitteln und Gelegenheit, ihren Unterhalt zu verdienen, fehlet, muß der Staat Arbeiten, die ihren Kräften und Fähigkeiten gemäß sind, anweisen.

[2] Handbuch der politischen Oekonomie, her. von Schönberg. Tübingen 1885, III S. 866.

[3] Menger, Das Recht auf den vollen Arbeitsertrag. Stuttgart 1886, S. 13.

[4] Ströll, Die staatssozialistische Bewegung in Deutschland. Leipzig 1885, S. 45.

[5] Emminghaus a. a. O. S. 174.

der Zeit der Revolution, welche diese Frage nahe gestreift haben, näher als viele von denen, welchen man das Recht auf Arbeit aufzuoktroiren versucht hat. Gerade derjenige nun, der sich dieser Frage am meisten genähert hat, ist merkwürdiger Weise den Späherblicken jener Pseudo-Historiker entgangen; dieser Mann ist Montesquieu.

Da es noch irgend einem Schriftsteller einfallen könnte, für M. das Recht auf Arbeit zu reklamiren, geben wir die dahingehenden Stellen aus seinen Werken[1]) hier in wortgetreuer Uebersetzung wieder:

„Wie große Almosen man auch immer einem nackten Menschen auf der Straße giebt, so erfüllen sie doch nicht die Verpflichtungen des Staates, der allen Bürgern einen gesicherten Unterhalt, Nahrung, angemessene Kleidung und eine der Gesundheit nicht allzuschädliche Lebensart schuldig ist.“

„Der Reichtum eines Staates setzt viel Gewerbthätigkeit voraus. Es ist unvermeidlich, daß unter einer so großen Menge von Erwerbszweigen immer wenigstens einer danieder liegt, dessen Arbeiter demgemäß einer wenn auch nur vorübergehenden Not ausgesetzt werden. Alsdann muß der Staat auf schleunige Hilfe bedacht sein, um zu verhindern, daß das Volk Not leide oder einen Aufstand errege.“

„In den Handelsländern, in denen viele Leute nichts als ihre Kunst haben, sieht sich der Staat oft genötigt, für die Bedürfnisse der Greise, Kranken und Waisen zu sorgen. Ein gut verwalteter Staat zieht diese Unterstützung aus dem Reichtum der Künste selbst; er giebt den einen Arbeiten, für welche sie geeignet sind; er lehrt die anderen arbeiten, was an sich schon eine Arbeit ausmacht.“

Montesquieu erkannte also das Recht auf Existenz als wirkliches Recht an, das zeigt sein Ausdruck: der Staat schuldet u. s. w. (L'état qui doit à tous les citoyens une subsistance assurée etc.); auch sah er ein, daß es für den Staat notwendig ist, denjenigen, welchen er unterstützen muß, mit Arbeit zu versorgen (il donne aux uns les travaux etc.);

---

[1]) Montesquieu, De l'esprit des lois. Londres 1768, III p. 119 f.

von einem Recht auf Arbeit aber ist in seinen Werken nicht
die Rede.

Ja, wir gehen sogar noch weiter und behaupten, daß weder
er noch irgend einer seiner Zeitgenossen ein Recht auf Arbeit ver=
langen konnte. Der Grund, aus welchem wir dieses er=
weisen zu können meinen, ist in einer vor der Revolution (1789)
fast allgemein geltenden Anschauung zu suchen, von der im
Folgenden die Rede sein soll.

## b. Die Bevölkerungstheorie in den Zeiten vor der Revolution.

Es liegt wohl auf der Hand, daß die Forderung eines
Rechtes auf Arbeit erst in dem Augenblick entstehen konnte,
wo man zu der Ansicht gelangte, daß die vorhandene Volks=
menge für die zu beschaffende Arbeit zu groß sei. So lange
man glaubte, die Arbeit reiche aus für die nach ihr verlangenden
Hände, oder es seien gar zu wenig dieser Hände vorhanden,
mußte offenbar diese Forderung dem menschlichen Gedanken=
gange fern bleiben.

Nun war es in der That bis zu den Zeiten der Re=
volution ein fast allgemeiner Glaube, daß nicht genug Hände
für die zu besorgende Arbeit vorhanden seien, daß es das Haupt=
ziel der Regenten sein müsse, die Bevölkerung nach Möglichkeit
zu vermehren [1]

Die Gründe, welche zu diesen Anschauungen geführt
haben, sind unschwer zu finden.

Zahlreiche Kriege hatten seit der Reformation die Be=
völkerung Europas dezimirt. In Spanien und Italien griff
mit ihrem wirtschaftlichen Verfall eine erschreckende Volksab=
nahme Platz; in Frankreich und England rief der neue Glaube
unaufhörliche Bürgerkriege hervor, die zahllose blutige Opfer
forderten. Am meisten aber blutete Deutschland unter den

---

[1] Auch Locke vertrat diese Ansicht energisch; der Haun'sche Ver=
such, ihm die Forderung des Rechtes auf Arbeit aufzuoktroiren, erscheint
daher um so komischer.

Schrecken des dreißigjährigen Krieges, seine Bevölkerung sank auf weniger als die Hälfte herab. Dazu trat die Einwirkung der modernen Staatsidee, welche auf die conditio sine qua non einer politischen Machtstellung, nämlich Soldaten und Geldmittel, hinwies. So mußte eine zahlreiche und dichte Bevölkerung als die Grundlage einer g.deihlichen Entwicklung des Staates erscheinen.

Diese Populationssucht war die herrschende Lehre in allen Ländern,[1] sie bildete die Grundlage des Merkantilismus, ohne welche derselbe gar nicht hätte entstehen können.

Ganz besonders hervorstechend ist diese Bevölkerungssucht in Deutschland gewesen. Friedrich der Große vor allem, der die Existenzbedingungen seines Landes nur mit den Waffen in der Hand zu schaffen vermochte, der sich den mächtigsten Staaten jener Zeit allein gegenübergestellt sah, konnte für sein verwüstetes und entvölkertes Land nichts Dringenderes wünschen, als ein durch alle Mittel zu beförderndes Anwachsen der Bevölkerung.

Die hervorragendsten Vertreter dieser Populationsidee in Deutschland waren Süßmilch und Sonnenfels.

Des Längeren setzt ersterer auseinander, welche Hindernisse sich der schnelleren Vermehrung der Bevölkerung entgegenstellen; diese zu beseitigen nennt er eins der „größten Verdienste um den Staat und das Vaterland"[2].

Ein eifriger Verfechter der Süßmilchschen Ansichten war Friedrich der Große, sowohl in der Theorie als auch in der Praxis. „Jedermann räumt ein, sagt er, daß die Macht

---

[1] Es würde zu weit führen, die Entwicklung derselben in den verschiedenen Ländern zu verfolgen; wir begnügen uns damit, als uns am meisten interessirend, ihren Ausbau in Deutschland vorzuführen. Für Frankreich erinnern wir nur an die energischeste Formulirung dieses Satzes bei Rousseau: Quelle est la fin de l'association publique? C'est la conservation et la prospérité de ses membres. Et quel est le signe le plus sûr qu'ils se conservent et prospèrent? C'est leur nombre et leur population. — Du contrat social ou principes du droit publique. Amsterdam 1762, p. 113 (Livre III, 9.)

[2] Vergl. Süßmilch, Die göttliche Ordnung in denen Veränderungen des menschlichen Geschlechts. Berlin 1788, I S. 158—213 (Erste Auflage 1742).

eines Staates keineswegs in der Ausdehnung seiner Grenzen, sondern in der Anzahl seiner Bewohner besteht." „Im Interesse eines Fürsten liegt es also, ein Land zu bevölkern."[1]

Dieselbe Ansicht klingt wieder in einem 1758 erschienenen „Versuch eines Vorschlages, die in Deutschland herum streifenden Diebes-Rotten aus dem Grunde zu vertilgen." „Die Faulheit des gemeinen Volks, heißt es dort, ist nämlich itzo so groß, daß es fast allenthalben an den zu geringen Arbeiten benötigten Leuten fehlet. Und wenn der Hunger mit so wenigem Aufwande als der Durst zu stillen wäre, wenn das Brot nicht mehr als das klare Wasser kostete, so würde man kaum noch die unentbehrlichen Tagelöhner bekommen können."[2]

In der schroffsten Form sprach diese Ansichten der Freiherr von Bielfeld aus:

„Je bevölkerter der Staat ist, so lautet seine Ansicht, desto mehr Bürger finden dort ihren Unterhalt." „Wie die klarsten Wahrheiten, sagt er, ihre Gegner finden, so giebt es auch Politiker, welche behaupten, daß ein Staat zu bevölkert sein kann, daß es der Erde an Getreide mangeln würde, wenn alle Länder von Einwohnern wimmelten u. s. w. Es ist dies eine niedrige und absurde Schlußfolgerung, da sie inhuman ist und der Gründlichkeit entbehrt."[3]

„Die Erfahrung beweist, daß das Verhältnis zwischen der Arbeitsmenge, die man auf den Ackerbau verwendet, und der Menge der Produkte immer in gleicher Progression fortschreitet."[4]

Der eifrigste Verfechter dieser Populationstheorie war Sonnenfels.

---

[1] Oeuvres de Frédéric le Grand. L'Antimachiavel, Chap. V.

[2] Hannöversche nützliche Sammlungen Nr. 72, S. 17. Es mag hierbei die Aufmerksamkeit auf diese originelle Flugschrift hingelenkt werden, welche in vollem Ernst den Vorschlag macht, den Dieben das Trommelfell zu durchstechen, um sie so zu ihrem ein feines Gehör erfordernden Gewerbe untauglich zu machen!

[3] Institutions Politiques par monsieur le Baron de Bielfeld. L.'de 1767 (Erste Auflage 1760), I p. 134.

[4] Ebenda II p. 509. — L'expérience prouve que la proportion entre la quantité du travail qu'on employe à l'agriculture et la quantité du produit, marche toujours en progression égale. (Gegenstück hierzu ist der berühmte Malthus'sche Satz.)

„Der Regent, lehrt er, soll nach seinen Kräften die Auswanderung zu verhindern bemüht sein."[1]) „Die Beförderung der Ehen forbert bemnach die ganze Aufmerksamkeit bes Regenten."[2])

„Die Steuern sollen für Verehelichte erleichtert werden, um das Schließen von Ehen zu befördern."[3]) „Der Einwurf, baß zu viele Menschen einander in der Nahrung hindern, ist blos von dem Geiste des ausschließenden Eigentums eingegeben. Die Menge der Menschen vermehrt vielmehr die Nahrungs=menge, da sie die Verzehrung vergrößert."[4])

Eingehend und mit sichtlicher Vorliebe hat Wieland diese Idee verarbeitet.

„Man sorgt am besten für den Staat, führt er aus, in=dem man die Vermehrung auf alle nur ersinnliche Weise zu befördern bemüht ist."[5])

„In einem großen und von der Natur reichlich begabten Staate . . . . . können, wenn er wohl organisirt ist, schwerlich zu viel Menschen sein."[6])

„Der Vorzug, selbst der Schöpfer seiner Unterthanen zu sein, ist ein unterscheidendes Vorrecht der Gottheit. Nichts=bestoweniger kann der König in gewissem Sinne der Schöpfer seines Volkes werden, indem er die Vermehrung, so viel immer möglich, begünstigt; und dies ist seine erste Pflicht."[7])

„Wenn auf diesem ganzen Erbenrunde Menschen sind, die an dem Unentbehrlichen Mangel leiden, so liegt dies wahrlich nicht an der Kargheit der Natur; denn diese hat Vorrat ge=nug, zehnmal mehr Menschen, als sich jemals zugleich auf ihrer Oberfläche befunden haben, reichlich zu ernähren."[7])

„Je mehr sich die Bewohner (unseres Landes) vermehren, je mehr Hände haben wir, die Natur zu bearbeiten; eine

[1]) Sonnenfels, Gesammelte Schriften. Wien 1888—87, X S. 381.
[2]) Ebenda S. 382.
[3]) Ebenda S. 887.
[4]) Ebenda S. 416.
[5]) Wieland, Der goldene Spiegel. Ges. Werke, Karlsruhe 1814, VII S. 128.
[6]) Ebenda S. 124.
[7]) Ebenda S. 181.

Quelle, welche besto ergiebiger ist, je größer die Zahl derer ist, die aus ihr schöpfen."[1]

„Der höchste Wohlstand eines . . . . großen Staates . . . . hängt von der möglichsten Bevölkerung ab".[2]

An anderer Stelle erklärt er es für „eine Pflicht gegen das menschliche Geschlecht, die Erde zu bevölkern".[3]

Noch kurz vor der Revolution war diese Ansicht fast allgemein giltig.

In einer 1785 erschienenen Schrift heißt es:

„Wir dürfen also sicher den allgemeinen Schluß ziehen, daß in der Handelsgemeinschaft, in der die Staaten Europas unter einander und mit den übrigen Weltteilen stehen, kein Staat in seiner Bevölkerung, überhaupt genommen, zu sehr zunehmen kann, indem es nie so weit gehen wird, daß es an Raum zum Anbau fehlen sollte. Wir werden lange zu arbeiten haben, ehe wir in irgend einem Staate so viele Menschen finden, als daselbst Platz haben können, gemächlich zu wohnen und Gewerbe zu treiben. . . . . Wir haben also in Rücksicht auf die Volksmenge bei der Ausübung der Gewerbe weiter keine Fürsorge nötig, als daß nicht zu einem Gewerbe, auf Kosten anderer Gewerbe, Menschen herbeigezogen werden."[4]

Den gleichen Gedanken, daß die vorhandene Arbeit nicht von dem Wachsen der Volksmenge überholt werden könne, spricht 2 Jahre später der „Staats-, Raths- und Finanzdeputierte" Zoëga aus: „Niemand ist zu bedauern, der in einem Staat bürgerliche Freiheit und Eigentum genießt, und Gesundheit zum Gebrauch seiner Kräfte hat. Unter diesen Bedingungen findet jeder Staatsbürger überall Gelegenheit durch Arbeit zu erwerben, was er für sich selbst und zu den ihm obliegenden Abgaben an den Staat braucht."[5]

---

[1] Ebenda S. 189.
[2] Ebenda S. 209.
[3] Geschichte des weisen Danischmend. Ges. Werte, VIII S. 177 f.
[4] A. Hennings, Ueber die wahren Quellen des Nationalwohlstandes, Freiheit, Volksmenge, Fleiß u. s. w. Kopenhagen 1785, S. 309.
[5] Zoëga, Versuch zur Entwickelung fester Begriffe von Arbeit und Handel als den Mitteln zur Beförderung des Wohlstandes. Kopenhagen 1787, S. 28.

Diese allgemein giltige Ansicht von der Unmöglichkeit einer Uebervölkerung (gegen die Malthus 1789 seine berühmte Schrift „Principle of population" schrieb) konnte den Gedanken eines „Rechtes auf Arbeit" garnicht entstehen lassen. Erst die Physiokraten haben mit Erfolg gegen diese Meinung angekämpft und so die Grundlage geschaffen, auf welcher später die Forderung des Rechtes auf Arbeit entstand.[1]

## c. Die Vorgeschichte des Rechtes auf Arbeit.

„Die volkswirtschaftliche Theorie zeigt sich in einem nicht nur klar ersichtlichen, sondern auch ganz naturgemäßen Zusammenhang mit der Zeit und dem Volke, denen ihre Urheber angehören."[2]

Wir haben vorhin nachgewiesen, daß die Forderung des Rechtes auf Arbeit in den Zeiten vor der Revolution wegen jener allgemein giltigen Populationsidee garnicht entstehen konnte. Im Folgenden werden wir zu beweisen suchen, daß diese Forderung ein Kind der französischen Revolution ist, daß sie ferner gerade zu jener Zeit notwendig entstehen mußte, und welches die Ursachen waren, die sie erzeugten.

Die Haupterrungenschaft der Philosophie des vorigen Jahrhunderts besteht darin, daß sie der Persönlichkeit zu ihrem

---

[1] Ganz ist jedoch jene Anschauung von dem Segen einer möglichst großen Volksmenge heute noch nicht in Deutschland verschwunden. Noch jetzt ist es das Palladium jedes Bettlers, „acht unerzogene Kinder" zu besitzen, noch jetzt ist der „Hagestolz" und die „alte Jungfer" gleichsam verachtet, und in dem lobenden Worte „Kindersegen" ist jene Tendenz noch ungeschwächt erhalten. Eins der liebsten Bilder ist dem Deutschen „Lotte im Kreise ihrer (sehr zahlreichen) Geschwister", und in der „Glocke" muß der Vater die Häupter seiner Lieben gar erst „zählen", um zu konstatiren, ob keines fehlt. Sogar öffentliche Belohnungen erhält derjenige, welcher eine ansehnliche Anzahl Kinder in die Welt gesetzt hat, und die allzu gebräuchliche Anwendung des biblischen Gleichnisses von den Vögeln, die nicht säen und nicht ernbten und doch ernährt werden (Ev. Mathäi 6, 26) zeigt, daß die Nachwehen jener alten Populationstheorie noch keineswegs ganz überwunden sind.

[2] Knies, Pol. Oel. S. 254.

Rechte verhalf, daß sie gleichsam erst die Idee der Persönlichkeit entdeckte. Wenn früher der Mensch lediglich als Glied des großen Ganzen, des Staates, betrachtet wurde, so entdeckte man jetzt nach und nach, daß der Mensch nicht bloß ein Kollektivwesen, sondern sozusagen auch „ein Ding an sich" sei. Aus dem Unterthanen mit dem beschränkten Menschenverstande entwickelte sich ein Wesen, das als Individuum genommen werden wollte und etwas ganz Neues, bis dahin Unbekanntes, in sich verspürte, das man mit dem Namen „persönliche Menschenwürde" belegte.

Der erste, welcher das göttliche Recht der Persönlichkeit in seinem vollen Umfange und mit energischer Bestimmtheit aussprach, war Rousseau. Jeglicher Wirksamkeit des Staates setzte er als Ziel das öffentliche Wohl (le bien public), nicht in dem Sinne des Wohls aller nach ihren verschiedenen Lagen und Verhältnissen, sondern des Wohls aller in der allen gleichmäßigen Lage. Le pacte social établit entre les citoyens une telle égalité qu'ils s'engagent tous sous les mêmes conditions, et doivent jouir des mêmes droits erklärt er in seinem Contrat social[1]) (1752), in welchem er den Gedanken der ursprünglichen Gleichheit und Freiheit der einzelnen, der Uebertragung der Staatsgewalt durch das Volk und lediglich für das Volk entschiedener durchführt als alle seine Vorgänger. „Jeder Mensch hat von Natur ein Recht auf alles, was für ihn notwendig ist!"[2]) Dieser Satz läßt die Denkweise Rousseau's am schärfsten erkennen.

Die weitgehenden und leidenschaftlichen Forderungen dieses gewaltigen Denkers wirkten mächtig und nachhaltig. Mit Rousseau beginnt der Aufschwung der politischen Literatur und das plötzliche und doch allgemeine Hervortreten reformatorischer und revolutionärer Ideen.

Einer derjenigen, die mit der größten Energie auf jener von Rousseau gezeigten Bahn weiterschritten und für das Wohl des bisher kaum beachteten Volkes eintraten, war Necker.

---

[1]) p. 41 (Livre II, 4).
[2]) Tout homme a naturellement droit à tout ce qui lui est nécessaire. — Ebenda p. 27 (Livre I, 9).

„Die oberherrschaftliche und gesetzgebende Macht, schreibt er, kann ihre Wohlthätigkeit gegen das Volk nicht anders als dadurch ausüben, daß sie ihm wenigstens die Notdurft, die alles ist, was es bekommt, versichert, es vor Kummer und Besorgnissen dieses Punktes wegen bewahrt."[1]

„Es wäre doch wahrhaftig zum Erstaunen, ruft er an anderer Stelle aus, wenn bei der Aufmerksamkeit des Landesherrn, die er durch seine Gerichtshöfe, bei den kleinsten Streitigkeiten der Bürger über das Mein und Dein, beweisen läßt, man die größte aller seiner Oberaufsichten nicht mit zu seinen Pflichten rechnen wollte, nämlich die Sorgfalt, die beiden Klassen, welche die Gesellschaft teilen, in guter Harmonie zu erhalten, und die heilige Wacht bei den nie verjährenden Rechten der Menschheit; bei jenen Rechten, sage ich, welche so oft durch die übertriebenen Forderungen der Eigentümer gekränkt und vom Volke angesehst werden, wenn es zu leben verlangt, und seine Arbeit und seine Kräfte dafür zum Tausche anbietet."[2]

„Es erwuchsen, um die Worte Lotheissens zu gebrauchen, die Ideen von der Gemeinsamkeit und Brüderlichkeit aller Menschen, von der notwendigen freiheitlichen Entwickelung des Staatswesens, von der Gleichheit aller Bürger vor dem Gesetz, von den unveräußerlichen Menschenrechten zu einer höheren Macht und erzwangen sich allenthalben begeisterte Anerkennung."[3]

Mit dem Erwachen der Persönlichkeit brach sich eine mit jener zusammenhängende Anschauung Bahn, die Anerkennung der Würde der Arbeit.

Im Altertum hatte das Recht des Nichtarbeitens einerseits und der Zwang zur Arbeit andererseits geherrscht. Die Arbeit galt fast allgemein als banausische Beschäftigung, die des freien Mannes unwürdig und Sache der Sklaven sei. Das Christentum lehrte die Pflicht zur Arbeit, die jedoch noch bis zum Ende des vorigen Jahrhunderts kaum anders als ein notwendiges Uebel betrachtet wurde. Die Bibel selbst läßt ja die Arbeit des Menschen als eine Strafe für den Sünden-

---

[1] Necker a. a. O. S. 123.
[2] Ebenda S. 279.
[3] Lotheissen, Literatur und Gesellschaft in Frankreich zur Zeit der Revolution von 1789—94. Wien 1872, S. 2.

fall entstehen. Der Begriff der Würde der Arbeit[1]) ist eine
moderne Errungenschaft, die ihre Entstehung einerseits jener
schon charakterisirten philosophischen Richtung, andererseits aber
der neuen, besonders durch A. Smith hervorgerufenen volkswirtschaftlichen Richtung verdankt. Während die merkantilistische
Schule das Kapital, die physiokratische den Grund und Boden
als die wichtigsten Faktoren der Produktion betrachtete, erklärte
A. Smith die Arbeit für den höchsten und wesentlichsten der er-
zeugenden Faktoren.

Immer wieder kommt er auf die menschliche Arbeit als
auf den Mittelpunkt aller Erörterungen zurück; das durch die
Arbeit erworbene Eigentum nennt er das heiligste. Die auch
von ihm so oft gebrauchte Devise der „Freiheit und Gleichheit" hatte, wie Knies richtig hervorhebt, [2]) bei seinen Ansichten
von der Gleichheit der menschlichen Naturanlagen, doch einen
anderen Sinn, als bei den Physiokraten. „Durch sein ganzes
Werk zieht sich die zwar vielfach unklare aber starke Sehnsucht
die größten Güter für die leidenden Volksklassen zu erobern."[3])

Eine weitere Ursache, welche die Forderung des Rechtes
auf Arbeit anbahnte, war der Kampf um das Recht der Arbeit,
die Gewerbefreiheit.

War erst das Recht der Arbeit gewährt, so lag es nahe
zu sagen: „Was nützen uns eure Rechte, wenn wir morgen
keine Arbeit haben, müssen wir verhungern!"

Zur Zeit der Zünfte waren Fabrikation und Absatz derartig geregelt, daß größerem Arbeitsmangel vorgebeugt wurde.
Mit dem notwendig sich ergebenden Verfall der Zünfte und
der allmäligen Einführung der Gewerbefreiheit war jeder sich
selbst überlassen, der wirtschaftlich Schwächere, vor allem aber
der Untüchtige und Träge verlor oft sein Brot, und der Ruf
nach Arbeit, nach dem Rechte auf Arbeit war die natürliche
Folge der Gewerbefreiheit, deren schroffe Uebergänge durch
keine schützende Maßregel von seiten der Regierung gemildert
wurden.

---

[1]) Dieselbe erstreckt sich jetzt auch auf den früher so gering ge-
schätzten Kaufmannsstand; man denke nur an Freitags „Soll und Haben"!

[2]) Knies a. a. O. S. 276.

[3]) Ebenda S. 278.

Parallel mit diesen Vorgängen lief die allmälig erwachende Erkenntnis, daß der Reichtum des Bodens nicht unerschöpflich sei, und die dadurch entstehende Furcht, daß einmal eine Zeit herannahen könne, in der die Zahl der Menschen zu groß sein werde, um auf der Erde ihre Nahrung zu finden.

Die Urheber dieser Erkenntnis waren die Mitglieder der physiokratischen Schule.

Dadurch, daß sie den Boden für das allein produktive Element erklärten, mußte der Gedanke erzeugt werden, daß die Fruchtbarkeit desselben nicht immer im stande sein werde, mit der Vermehrung der Menschen gleichen Schritt zu halten. Aber noch einen anderen Gedankengang legte die Theorie der Physiokraten nahe.

War man zu der Ansicht gelangt, daß der Grund und Boden das allein produktive Element sei, wußte man ferner, was Rousseau lehrte, daß der Boden ursprünglich niemandem gehört hatte, so lag die Schlußfolgerung aus diesen Sätzen auf der Hand.

Wovon sollen wir denn leben, mußte sich der Besitzlose fragen, wenn diese einzige Quelle der Gütererzeugung uns geraubt ist? Sind wir nicht Sklaven derjenigen, die den Boden okkupirt haben? Ist es nicht Pflicht der Bodenbesitzer uns, da wir ohne den Boden erwerbsunfähig sind, als Aequivalent ein Recht auf Arbeit zu gewähren, damit unser Leben gesichert werde? Diese Fragen lagen auf der Hand, und sie wurden gestellt. [1])

So hat auch die physiokratische Schule, allerdings sehr gegen ihren Willen, dem Sozialismus das Feld geebnet, um so mehr, da sie durch ihr energisches Betonen des Naturrechtes und durch ihr schonungsloses Urteil über die Grundsätze der herrschenden Stände ein wichtiger Faktor jenes Zeitalters der Opposition wurde.

Eine weitere Ursache, welche die Forderung des Rechtes auf Arbeit erzeugte, war die Erfindung der Dampfkraft, die Einführung der Maschinen. Die Dampfkraft veränderte fast mit einem

---

[1]) Auf die angedeutete Weise begründeten u. a. Considérant, Samter, Stöpel und George das Recht auf Arbeit.

Schlage die Arbeits- und Produktionsverhältnisse aller Länder, denn durch die Dampfmaschine gewann die Wirkung der Faktoren Natur und Kapital einen riesigen Aufschwung, gab ihr ein kolossales Uebergewicht über den dritten Faktor, die Arbeit. Sie führte zu einer schrankenlosen Konkurrenz der Arbeitgeber unter einander, und diese Konkurrenz nötigte sie, die Bedingungen der Arbeit immer härter für den Arbeiter zu gestalten. Dazu kam, daß durch die Maschine der Wechsel von Angebot und Nachfrage immer größer, unvermittelter und zufälliger wurde, wodurch Handelskrisen und in ihrem Gefolge temporäre Arbeitslosigkeit großer Mengen von Arbeitern immer häufiger wurden. Auch hatte früher, wo der Arbeiter in der Familie des Arbeitgebers lebte, dieser ein nicht nur menschliches, sondern auch praktisches Interesse daran, den Arbeiter in schlechten Zeiten zu behalten, selbst wenn er zeitweise keine Beschäftigung für ihn hatte. Dies fiel bei der Fabrikarbeit fort, der Arbeiter war daher jeder Schwankung im Erwerbsleben rettungslos preisgegeben.

Der Arbeiter fühlte, daß er allein mit seiner schwachen Kraft nicht fähig sei, sich in den schwankenden Erwerbsverhältnissen dieser neuen Aera zu behaupten, und der Ruf nach Staatshilfe mußte in seinem Herzen laut werden. So hat die Erfindung des Dampfes vor allen andern Faktoren den Ruf nach dem Rechte auf Arbeit erzeugt.

Wer es liebt, die Entstehung neuer Ideen auf bestimmte Zeitpunkte zu fixiren, könnte wohl das Jahr 1775 als dasjenige bezeichnen, welches den Grundstein zu der Forderung des Rechtes auf Arbeit legte.

1775 konstruirte Arkwright seine berühmte Baumwollenmaschine, die mit elementarer Gewalt in das Erwerbsleben der niederen Klassen eingriff; in demselben Jahre schrieb Necker seine mächtig wirkende Schrift „Ueber den Kornhandel". Ein Jahr später (1776) erschien A. Smith's grundlegendes Werk, und zu gleicher Zeit (Februar 1776) verkündete Turgot in Frankreich dem bedrückten Volke die Gewerbefreiheit, welche alle Arbeiter Frankreichs in einen Freudentaumel versetzte.

Doch länger noch als ein Jahrzehnt dauerte es, bis die aus allen Poren hervorquellende Unzufriedenheit mit den be-

ftehenben Zuftänben ihren Ausbruck in bem Rufe nach bem
Recht auf Arbeit fanb.

Parallel mit biefen geiftigen unb kulturellen Urfachen lief
eine fehr materielle, nämlich bie fich von Tag zu Tag fteigernbe
Not ber Maffen.

„Der Mangel an Brot ift ber Grunb biefer erften Dramen
ber Revolution gewefen," fagt Goncourt.[1]) Diefes Wort
kann man mit unzweifelhafter Berechtigung auf alle Revo=
lutionen anwenben.

Vom 17. Jahrhunbert an läßt fich in Frankreich ein
eben fo fchnelles wie ficheres Anwachfen ber allgemeinen Ver=
armung konftatiren.

Schon von bem äußerlich fo blühenb erfcheinenben Zeit=
alter Lubwigs XIV. fagt ein fo glaubwürbiger Zeuge wie
Vauban: „Ein Zehntel bes Volkes ift an ben Bettelftab ge=
bracht unb bettelt thatfächlich; von ben neun anberen Zehnteln
finb es fünf, bie an jenes Zehntel nicht einmal ein Almofen
verabreichen können, weil fie felbft in einer unglücklichen Lage
finb."[2]) Kurz vorher (1697) hatte Boisguillebert verzweifelnb
ausgerufen: „Frankreich leibet an ber Fäulnis!"[3]) Unb
Fénélon erklärte, baß „bas Volk nicht mehr nach Menfchenart
lebe."[4])

Die Mißwirtfchaft unter Lubwig XIV. wurbe von feinem
Nachfolger getreulich unb mit noch größeren Erfolgen in ber
Ausfaugung bes Volkes fortgefetzt. Der Finanzminifter Lub=
wigs XV., Abbé Terray, häufte Steuern auf Steuern. „Wo=
zu anbers bin ich ba?" fagte er. Auf bie Klagen ber Bebrückten
hatte er nichts zu fagen, als: „Man fchinbet fie, man laffe
fie fchreien!"[5]) Quesnay fchrieb auf bas Titelblatt feiner
Maximes générales du gouvernement économique d'un

---

[1]) Goncourt, Histoire de la société française pendant la révolution. Paris 1864, p. 53.
[2]) Vauban, Projet d'une dixme royale. 1707 (gefchr. 1698), p. 4.
[3]) La France a aujourd'hui la gangrène! — Quinet, La révolution. Paris 1865, p. 12.
[4]) Monatsblätter zur Ergänzung ber „Allgemeinen Zeitung".
März 1846, S. 130.
[5]) Wachsmuth, Zeitalter ber Revolution. Leipzig 1846, I S. 169.

royaume agricole die Worte: Pauvres paysans, pauvre royaume, pauvre roi! Und Moreau de Jonnés berechnet, daß die mittlere Lebensdauer der Franzosen durch die allgemeine Armut im Jahre 1772 auf 24 Jahre reduzirt worden war. [1])

Als Ludwig XVI. die Regierung übernahm, da war der französische Staat bereits so verarmt und zerrüttet, daß selbst ein tüchtigerer Regent ihn nicht mehr hätte retten können.

„Trotz der Fortschritte der Civilisation, sagt Tocqueville, war die Lage des französischen Landmannes im achtzehnten Jahrhundert bisweilen schlimmer, als sie im dreizehnten gewesen war." [2]) Drei Vierteile des Bodens gehörten dem Könige, dem Adel und der Geistlichkeit, den Rest besaßen die Bürgerlichen. Der Ackerbau war im elendesten Zustande. Entsetzlich drückten die Feudallasten, der Zehnte, das Jagdrecht und andere Rechte mehr. Die Hälfte des Rohertrages war der gewöhnliche Pachtschilling, den der Bauer zu entrichten hatte. [3]) Der Preis eines Sesters Getreide war seit 1764 von 8 livres auf ‚12 dann auf 15, 20 und endlich auf 50 livres gestiegen. [4])

Das allgemeine Elend war in Frankreich derartig gewachsen, daß eine Ordonnanz vom 13. Juli 1777 befahl: „Jeder gesunde Mann in einem Alter von 16—60 Jahren, der kein Vermögen besitzt und nicht von seiner Arbeit leben will, soll auf die Galeere geschickt werden." [5])

Die Bettelei nahm in erschreckender Weise überhand. Bettler und Landstreicher durchzogen scharenweise das Land und waren eine beständige Gefahr für die öffentliche Sicherheit. 1740 war die erste Armentaxe in Frankreich durch Parlamentsbeschluß eingeführt worden. Im Jahre 1764 wurden, um die Armut den Blicken der Vornehmen zu entziehen und die Straßen von den Bettlermassen zu befreien, auf Staats= und Provinzkosten

---

[1]) Moreau de Jonnés, Elements de statistique. Paris 1847, p. 230 ff.

[2]) Tocqueville, L'ancien régime et la révolution. Paris 1856, p. 185.

[3]) Eine anschauliche, lebendige Schilderung jener Zustände giebt Erkmann-Chatrian in seiner Histoire d'un paysan.

[4]) Goncourt a. a. O. p. 54.

[5]) Meyer a. a. O. II S. 437.

dépôts de mendicité ober renfermeries gegründet und rasch
vermehrt. 1786 zählte man bereits 27 solcher Anstalten mit
etwa 5000 Bewohnern.[1]) Die Armut aber wurde durch
dieses System nicht im geringsten gemildert, und der Bettel
schwoll zu immer größeren Dimensionen an.

1775 waren durch Anordnung Turgot's atéliers de charité
gegründet worden, ohne einen größeren Erfolg zu erzielen.[2])

Je mehr man sich 1789 näherte, schreibt Michelet, desto
weniger brachte die Erde hervor. Wie das Tier, das zu sehr
ermattet wurde, nicht mehr vorwärts gehen will, sondern sich
lieber auf die Erde niederlegt und stirbt, so wartet sie und pro-
duzirt nicht mehr.[3])

Nicht weniger als zehn furchtbare Hungersnöte hat Frankreich im 18. Jahrhundert erlebt;[4]) und Necker erzählt, daß
eines Tages, während der Zeit seines Ministeriums, Boten
aus allen Teilen des Reiches erschienen wären mit Depeschen,
daß das Volk von einem Ende Frankreichs bis zum andern
dem Hungertode nahe sei.[5]) (d'un bout de la France à l'autre,
le peuple affamé).

So waren die Zustände vor dem Ausbruch der Revolution die denkbar entsetzlichsten. Der Tagelohn der industriellen
Arbeiter stand nach einem hoch berechneten Durchschnitt 1788
für die Männer auf 26, für die Weiber auf 15 sous, der
Lohn des Landarbeiters betrug ebenfalls nur 15 sous.[6])

Dazu kam, gleichsam als wenn das Schicksal beschlossen
hätte, Frankreich gänzlich zu vernichten, der unglückliche Ausfall der Ernbte des Jahres 1788.

---

[1]) Jäger, Geschichte der sozialen Bewegungen in Frankreich.
Berlin 1876, S. 388.

[2]) Engländer, Geschichte der französischen Arbeiterassoziationen.
Hamburg 1864, I S. 214.

[3]) Michelet, Histoire de la révolution française. Paris 1868,
I p. 54.

[4]) Engländer a. a. O. I S. 190.

[5]) Blanc, Histoire de la révolution française. Paris 1852, III 92 f.

[6]) Heute beträgt er für die Männer 42, für die Weiber 26 sous,
der ländliche Tagelohn ist von 15 auf mindestens 25 sous gestiegen;
dazu kommen etwa 30 seitdem aufgehobene Feiertage, so daß sich der
Lohn im ganzen nahezu verdoppelt hat.

Sybel, Geschichte der Revolutionszeit. Düsseldorf 1853, I S. XLV.

Diese Ernbte war mittelmäßig gewesen, ohne schlecht zu sein,[1]) aber ein großer Hagelschlag[2]) (am 13. Juli) vernichtete, was die Natur dem unglücklichen Lande gelassen hatte. Der Preis des Hektoliters Getreide stieg in Paris auf 29 fr. 32 c., ein Weißbrot von 4 Pfund kostete 15 sous (vorher 9 sous).[3])

Die Hungersnot wütete in Frankreich. Das Stocken vieler Gewerbe machte eine unzählige Menge Arbeiter brotlos, dabei dauerte das Einströmen fremder Vagabunden stetig und unaufhaltsam fort. Die Armut war zum Pauperismus geworden.

Da brach endlich die lange vorbereitete Revolution aus, und die Armenfrage nahm naturgemäß gleich bei ihrem Beginn eine unheimlich brohende Gestalt an. Brot und Arbeit! war die Losung des Kampfes, Brot und Arbeit! stand auf den Fahnen der Barrikaden.

Der Bürgerstand hatte für diese Forderungen keinen anderen Grundsatz als den der einfachen Unterstützung. Aber dieser Grundsatz reichte nicht aus bei Menschen, die von den neuen Ideen und Anschauungen durchtränkt waren; der Proletarier wollte nicht mehr unterstützt sein. Die französischen Arbeiter, welche gezeigt hatten, daß sie im stande waren, ein Königtum zu vernichten und eine neue Staatsform zu schaffen, denen Hunderte von Rednern und Schriftstellern täglich versicherten, daß sie die Herren der Welt seien, mußten notwendig zu der Erkenntnis kommen, daß ein Almosen ihrer nicht würdig sei, daß die Arbeit nicht allein die Zierde des Bürgers, sondern ein notwendiges Ingredienns desselben sei; sie, welche den Adel der Geburt entthront hatten, mußten einsehen, daß die Arbeit es ist, welche den Menschen adelt.

Die Not zwang sie, Brot zu verlangen, das Bewußtsein der Würde der Arbeit wandelte den Ruf nach Brot in den nach Arbeit um, und die erwachte Erkenntnis ihrer Menschen-

---

[1]) Thiers, Histoire de la révolution française. Paris 1834, I p. 39.
[2]) Buchez et Roux, Histoire parlementaire de la révolution française. Paris 1834, I p. 232.
[3]) Boiteau, Etat en France en 1789. Paris 1861, p. 486.

würde lehrte sie, diese Arbeit als etwas ihnen zukommendes, als ihr Recht zu verlangen.

So wirkten hier der niedrigste und der höchste Faktor des menschlichen Lebens, die materielle Not und die menschliche Würde, vereint, um die Forderung des Rechtes auf Arbeit zu erzeugen. [1])

---

[1]) Wir glauben im vorhergehenden bewiesen zu haben, daß die Forderung des Rechtes auf Arbeit gerade zu dieser Zeit entstehen mußte; im folgenden werden wir die Entwicklung dieser Forderung, des legitimen Kindes der französischen Revolution, in ihrem Verlaufe bis auf die heutige Zeit darlegen.

# Die Geschichte des Rechtes auf Arbeit.

## a. Vor 1848.

In den Debatten über die Erklärung der Menschenrechte tritt uns die erste Formulirung der Forderung eines Rechtes auf Arbeit entgegen.

Abbé Sieyes hatte in seiner „Erklärung der Rechte des Menschen und Bürgers," welche am 20. und 21. Juli 1789 im Konstitutionskomité beraten wurde, nur das Recht auf Existenz verlangt. Art. 25 seiner déclaration lautet: „Jeder Bürger, welcher nicht im stande ist, für seine Bedürfnisse zu sorgen, hat ein Recht auf die Hilfe seiner Mitbürger."[1] Zur Beratung in der assemblée ist diese Forderung jedoch nicht gelangt.

Target (Advokat, geb. 1733, gest. 1806) war der Name des Mannes, welchem der Ruhm gebührt, zuerst die Forderung des Rechtes auf Arbeit, wenn auch noch nicht in präziser Fassung, ausgesprochen zu haben.[2]

---

[1] Procès-verbal de l'assemblée nationale, II Nr. 33 (p. 31 du projet).

[2] Diese Thatsache ist bisher merkwürdiger Weise allen, die sich mit dieser Frage beschäftigt haben, entgangen. Gewöhnlich schreibt man Robespierre das Autorrecht dieser Forderung zu; das ist grundfalsch, Robespierre hat dieselbe erst 1793 ausgesprochen. (Haun behauptet allerdings mit seiner öfters sich hervordrängenden historischen Unkenntnis, daß R. das Recht auf Arbeit schon 1789 verlangt habe (S. 18 seiner Schrift). Andere verlegen die Erstgeburt dieser Forderung gar erst in das Jahr 1848 und machen Louis Blanc zu deren Erfinder, so Jäger (Weltgeschichte. Bielefeld-Leipzig 1887—91, IV S. 491). — Wir glauben, daß unsere Ausführungen, welche Target und Malouet das Erstgeburtrecht jener Forderung zuerkennen, diese Frage entgiltig entscheiden werden.

In seiner „Erklärung der Rechte des Menschen in der Gesellschaft," welche am 27. Juli 1789 im Komite beraten wurde, lautet Art. 6: „Der Staat schuldet jedem Menschen die Mittel zum Unterhalt, sei es durch das Eigentum, sei es durch die Arbeit oder auch durch die Hilfe von seinesgleichen."[1]) Zur Beratung in der assemblée ist auch dieser Paragraph nicht gekommen.[2])

Bald fand sich ein Mann, den Energie und Begabung befähigten, diese Forderung mit Aussicht auf Erfolg zu verfechten. Dieser Mann war Malouet.[3]) Den agent d'affaires nennt ihn Louis Blanc[4]) mit Recht. Es war ein nur auf das Praktische gerichteter Charakter, der in seinen Memoiren die Erklärung der Menschenrechte eine „métaphysique aussi ridicule que dangereuse"[5]) nannte, der aber mit seinem praktischen Blick ein tiefes Mitgefühl für das leidende Volk verband. Als er auf seinen weiten Reisen die Schrecken einer Hungersnot auf den Inseln des Cap Vert kennen lernt, schreibt er in sein Tagebuch: „Ich verließ diese unglückliche Insel, seufzend über all die Uebel, welche die Habsucht über das menschliche Geschlecht verbreitet."[6])

In der Sitzung vom 1. August beginnt er seinen Sturmlauf gegen die bestehende Rechtsordnung. Wir haben zu Mitbürgern, wirft er den abstrakten Freiheitsschwärmern entgegen, eine ungeheure Menge eigentumsloser Menschen, welche vor allem anderen ihren Unterhalt von einer gesicherten Arbeit erwarten, von einer exakten Verwaltung, von einem beständigen Schutze![7])

---

[1]) Le corps politique doit à chacque homme des moyens de subsistance, soit par la propriété, soit par le travail, soit par le secours de ses semblables. — Procès-verbal, II Nr. 33 (p. 2 du projet).

[2]) Ein Teil seiner Menschenrechte kam am 20. August zur Verhandlung, vergl. Moniteur Universel vom 20. August 1789.

[3]) Später Marineminister unter Ludwig XVIII.; geb 1740, gest. 1814. — Auch das Eintreten Malouet's für das Recht auf Arbeit ist bisher gänzlich übersehen worden.

[4]) Blanc a. a. O. III p. 35.

[5]) Mémoires de Malouet. Paris 1868, I p. 338.

[6]) Ebenda II p. 363.

[7]) Moniteur vom 1. August 1789.

Am 3. August entwickelt er in einer längeren, eben so glänzenden, wie wohl durchdachten Rede seine Ansichten. [1])

„Die Abnahme der Thätigkeit und der Industrie in den produzirenden · Klassen, so führt er aus, macht seit einigen Jahren erschreckende Fortschritte. Mehrere Fabrikationszweige und ein großer Teil des Handwerks sind in einer Anzahl Provinzen aufgegeben worden; Tausende von Arbeitern sind ohne Beschäftigung, die Bettelei ist in den Städten und auf dem Lande empfindlich gewachsen.

Ohne Zweifel verdient es die Freiheit, mit vorübergehenden Uebeln erkauft zu werden, aber jene, welche unter ihnen am meisten leiden, werden den geringsten Nutzen davon haben. Und wenn ein Gefühl für Recht und Menschlichkeit uns nicht genug antriebe, ihnen zu Hilfe zu eilen, so verpflichtet uns dazu ein mächtiges Interesse, nämlich das der Freiheit selbst; denn diese hat zwei Arten von Feinden, beide gleich gefährlich, die Mächtigen und die Schwachen, die Günstlinge des Glücks und seine Opfer. . . . . . . .

Alle nutzlosen Ausgaben erschöpfen die Völker, wie die Großgrundbesitzer; alle nützlichen Ausgaben bereichern sie.

Jede reiche und freie Nation kann aus sich selbst heraus und ohne irgend welche fremde Hilfe über einen ungeheuren Kredit verfügen, welcher keine anderen Grenzen hat als ihr Kapital, und die wohlgeordnete Ausnutzung eines solchen Kredites erleichtert ihre Lasten, anstatt sie drückender zu machen. [2])

Jede Staatsausgabe, deren Ziel es ist, die Arbeit zu vermehren und die Unterhaltsmittel allen Bedürftigen zugänglich zu machen, wird immer nur eine scheinbare Last für den Staat sein, denn sie vermehrt die Menge des Volkes sowohl, wie die der Lebensmittel. . . . . . . .

---

[1]) Da diese für die Geschichte des Rechtes auf Arbeit außerordentlich wichtige Rede bisher nur in der 40 Bände starken Histoire parlementaire von Buchez und Roux, und auch da nur unvollständig, in deutscher Sprache aber noch garnicht gebracht wurde, dürfte es angemessen sein, dieselbe hier mit Weglassung des Unwesentlichen wiederzugeben.

[2]) Malouet ist hiermit meines Wissens der erste, der die Bedeutung des Staatskredites für die Lösung der sozialen Frage erkannte, worauf später besonders Louis Blanc zurückgriff. Auch aus diesem Grunde verdient obige Rede eine ganz besondere Beachtung.

Ich weise Sie auf eine neue, durch unwiderstehliche Not= wendigkeit gebotene Ausgabe hin, welche den doppelten Vorteil hat, nicht nur zur Zahl der produktiven Ausgaben, sondern ebenso zu den heiligsten Pflichten aller Bürger zu gehören. . . . . . .

Die bedürftige und gelohnte Klasse, diejenige, welche nur von ihren Diensten und ihrer Arbeit lebt, ist es, welche Ihre ganze Sorgfalt verdient. Für sie gilt es Unterhalt und Arbeit zu sichern. . . . . . .

Folgendes ist der Gegenstand zweier Vorschläge, mit denen ich schließe: Arbeit und Unterhalt, gegründet auf die Verpflich= tung der Gesellschaft denen gegenüber, welche deren bedürfen, und auf die ungeheuren Hilfsquellen der Nation, zwecks gegen= seitiger Sicherung."

Die Vorschläge Malouets lauten:

„Durch die Provinzial= und Munizipalversammlungen sollen in allen Städten und Flecken des Königreiches und in jedem Kirchspiel der großen Städte Unterstützungs= und Arbeits= büreaus (bureaux de secours et de travail) eingerichtet werden, welche in Verbindung stehen mit einem Verteilungs= büreau (bureau de répartition), welches in der Hauptstadt jeder Provinz gebildet wird. Die Verteilungsbüreaus sollen verbunden werden mit einem Haupt = Ueberwachungsbüreau, welches im Anschluß an die Nationalversammlung ständig tagen soll. Der Fonds der Unterstützungsbüreaus wird ge= bildet aus der Summe aller Fonds der Wohlthätigkeitsinstitute und Hospitäler; die Zuschüsse werden aus den Beiträgen der Kirchspiele geliefert, und diese werden ersetzt durch eine Steuer auf alle Steuerfähigen und aus den Mitteln, welche aus dem nationalen Kredit fließen.

Sobald die Büreaus eingerichtet sind, wird man in jedem Kirchspiel alle der Arbeit und des Unterhaltes beraubten In= dividuen zusammenrufen. Man wird darüber eine genaue Liste aufnehmen, welche die Personalien, den Beruf und den Wohnort eines jeden enthält, und im Augenblick wird allen denjenigen, welche sich einfinden, genügender Unterhalt in Geld oder Naturalien zugesichert werden, mit dem Vorbehalt, alle Arbeitsfähigen in den Werkstätten des Kirchspiels zu beschäf= tigen. . . . . . . .

Die von ihren Kirchspielen als bedürftig Anerkannten werden mit der unglücklichen Bürgern gebührenden Achtung behandelt werden. . . . . . . . "[1])

In dieser Rede ist die Forderung des Rechtes auf Arbeit klar und deutlich ausgesprochen mit den Worten: „Arbeit und Unterhalt, gegründet auf die Verpflichtung der Gesellschaft denen gegenüber, welche deren bedürfen."

Einen Erfolg hatte diese Rede nicht. Abbé Sieyes änderte, vielleicht durch diese Ausführungen dazu bewogen, die Fassung seines vorhin erwähnten Artikels, indem er ihm folgende Form gab:

„Jeder Bürger, welcher nicht im stande ist, für seine Bedürfnisse zu sorgen, oder der keine Arbeit findet, hat ein Recht auf die Hilfe der Gesellschaft, indem er sich ihren Befehlen unterordnet."[2])

Dieser Passus kam am 17. August im Komite, in der assemblée dagegen garnicht zur Verhandlung.

Der Versuch, eine Erklärung des Rechtes auf Arbeit, oder eine sich diesem nähernde Forderung in die Erklärung der Menschenrechte, welche am 26. August 1789 verkündet wurde, hineinzubringen, scheiterte also völlig.

Im Jahre 1790 wurden die Ideen Malouet's, da die Menge der brotlosen Arbeiter immer gefahrbrohender anschwoll, aufgenommen und Nationalwerkstätten errichtet. „Man hätte die Arbeit organisiren sollen, sagt L. Blanc von denselben, doch verstand man nur das Elend zu registriren!"[3]) (on ne sut qu'enrégimenter la misère).

Auch in die Konstitution vom 3. September 1791[4]) gelangte keine ein Recht auf Arbeit betreffende Bestimmung; ein solches war überhaupt garnicht beantragt worden, da man jedenfalls die Aussichtslosigkeit eines derartigen Antrages einsah.

Was die Konstitution den Armen gewährte, war in folgenden Worten ausgedrückt:

„Es wird eine allgemeine öffentliche Unterstützungsanstalt

---

[1]) Moniteur vom 1. bis 4. August 1789.
[2]) Procès-verbal, III No. 51 (p. 11 du projet).
[3]) Blanc a. a. O. III p. 101.
[4]) Procès-verbal, LXVII No. 726 und LXVIII No. 755.

geschaffen und organisirt zur Auferziehung der verlassenen Kinder, zur Unterstützung der hilflosen Armen und zur Arbeitsbeschaffung für die gesunden Armen, welche sich solche nicht selbst verschaffen können."

In der am 9. August stattfindenden Debatte wurde dieser von der Kommission befürwortete Antrag ohne Widerspruch angenommen. [1])

Energischer erhob sich der Kampf um das Recht auf Arbeit in den Beratungen über die Konstitution von 1793.

Der von Condorcet redigirte Entwurf des Komites schlug nur die nichtssagende Fassung vor: „Die öffentliche Unterstützung ist eine geheiligte Schuld, und es ist Sache des Gesetzes, die Ausdehnung und Anwendung derselben zu bestimmen."

Art. 21 des Entwurfs von Hérault de Séchelles schlug folgende Fassung vor: „Die Gesellschaft schuldet ihren unglücklichen Bürgern den Unterhalt, sei es, indem sie ihnen Arbeit verschafft, sei es, indem sie denen, welche außer stande sind zu arbeiten, die Existenzmittel sichert."[2])

Eine nur wenig modifizirte Form beantragte Robespierre in seiner „Erklärung der Menschen= und Bürgerrechte."

Art. 2 derselben lautet: „Die hauptsächlichsten Rechte des Menschen sind die, für die Erhaltung seiner Existenz und seiner Freiheit zu sorgen."

Art. 11 erklärt: „Die Gesellschaft ist verpflichtet, für den Unterhalt aller ihrer Glieder zu sorgen, sei es, indem sie ihnen Arbeit verschafft, sei es, indem sie allen denen die Unterhaltsmittel sichert, welche außer stande sind, zu arbeiten." [3])

Am 24. April kam der Entwurf Robespierre's im Nationalkonvent zur Beratung, ohne daß seine zu weit gehenden Forderungen einen Erfolg erzielten. [4]) Durch den unterdessen (am 31. Mai) erfolgten Sturz der Girondisten gewann die sozialistische Partei wieder die Oberhand, sodaß der Antrag Séchelles' dem des Komites hinzugefügt wurde."

[1]) Moniteur vom 10. August 1791.
[2]) Moniteur vom 18. Februar 1793.
[3]) Robespierre, Oeuvres. Paris 1866 p. 272 f. Vergl. auch Buonarotti, Conspiration pour l'égalité, dite de Babeuf. Bruxelles 1828, I p. 27 f.
[4]) Moniteur vom 25. April und 5. Mai 1793.

Art. 21 der Konstitution vom 24. Juni 1793 lautete demgemäß folgendermaßen:

Les secours publics sont une dette sacrée. La société doit la subsistance aux citoyens malheureux, soit en leur procurant du travail, soit en assurant les moyens d'exister à ceux qui sont hors d'état de travailler. [1])

Michelet fällt über diese Verfassung folgendes Urteil:
„Wodurch diese Konstitution alle früheren in den Schatten stellt, das ist der zum ersten Male auftretende Gedanke, daß das Gesetz nicht allein eine Maschine ist, den Menschen zu regieren, sondern daß es besorgt um ihn ist, daß es sein Leben garantiren will, daß es nicht will, daß das Volk sterbe." Er nennt sie „das erste Vorspiel besserer Zeiten, das Morgenrot der neuen Welt." [2])

„Aber, klagt er, auch diese Konstitution war wie alle anderen eine Maschine ohne Leben, ein Rad ohne bewegende Kraft; es fehlte gerade das, was diese Bewegung hätte erzeugen können." [3])

Les mots ne sont pas des choses, so lautete das Urteil des amerikanischen Gouverneurs Morris über diese Revolution, et les assertions dynastiques sont de peu importance quand il s'agit du bonheur des masses. [4])

So waren diese langen und heftigen Kämpfe um das Recht auf Arbeit ohne irgend ein Resultat verlaufen. Ein blutiges Nachspiel fanden sie in der mißglückten Verschwörung Babeuf's (1796), welche rein kommunistische Ziele verfolgte. [5]) —

---

[1]) Moniteur vom 27. Juni 1793. — Eine merkwürdige Verkennung des Rechtes auf Arbeit findet sich bei Roscher (Grundlagen der Nationalökonomie. Stuttgart 1886, S. 466), welcher behauptet: „In den Revolutionsverfassungen von 1791 und 1793 ist das Recht auf Arbeit anerkannt." In Wahrheit spricht die Verfassung von 1793 nur von einer Verpflichtung des Staates, nicht von einem Rechte der Unterthanen (ein Unterschied, der doch nicht übersehen werden sollte!); die von 1791 aber kommt nicht über die Einrichtung von Arbeitshäusern hinaus, von einem Rechte auf Arbeit ist dort garnicht die Rede.

[2]) Michelet a. a. O. V p. 150.

[3]) Ebenda V p. 157.

[4]) Chasles, Etudes sur la littérature et les moeurs des Anglo-Américains au XIX. siècle. Paris 1851, p. 18.

[5]) Vergl. Buonarotti a. a. O.

In Deutschland erregten diese sozialistischen Bewegungen nur einen schwachen Widerhall; nach deutscher Art äußerte sich derselbe „mehr in gefühlvollen Reden und Wünschen als Thaten.“[1]) Der einzige, welcher sich eingehender mit diesen neuen Ideen beschäftigte, war Fichte.

Fichte war, wenn seine Formulirung dieser Forderung auch noch schwankend und unklar ist, ein Anhänger des Rechtes auf Arbeit. Der Keim seiner Anschauungen findet sich in seinen 1793 erschienenen „Beiträgen zur Berichtigung des Urteils über die französische Revolution.“

„Jeder Mensch, heißt es dort, muß leben: das ist sein unveräußerliches Menschenrecht.“[2])

„Eine dem menschlichen Körper zuträgliche Nahrung in der zur Ersetzung der Kräfte nötigen Quantität, eine nach Verhältnis des Klimas gesunde Kleidung und feste und gesunde Wohnung muß jeder haben, der arbeitet; das ist Grundsatz.“[3])

„Jeder muß das Unentbehrliche haben; das ist unveräußerliches Menschenrecht.“[4])

„So lange auch nur noch Einer da ist, dem es um ihrer (der Begünstigten) willen unmöglich ist, durch seine Arbeit dies zu erwerben, muß ihr Luxus ohne alles Erbarmen eingeschränkt werden. Durch seine Arbeit sage ich; denn nur unter Bedingung der zweckmäßigen Anwendung seiner Kräfte hat er Anspruch auf sein Unentbehrliches.“[5])

In der „Grundlage des Naturrechts“ (1796) und im „Geschlossenen Handelsstaat“ (1800) werden diese Ideen weiter ausgeführt.

„Leben zu können, heißt es in jener Schrift, ist das absolute und unveräußerliche Eigentum aller Menschen. Es ist ihm eine gewisse Sphäre der Objekte zugestanden worden ausschließlich für einen gewissen Gebrauch, haben wir gesehen. Aber der letzte Zweck dieses Gebrauches ist der, leben zu

---

[1]) Eberty. Geschichte des preußischen Staates. Breslau 1870, V S. 377.
[2]) Fichte, Beiträge zur Berichtigung des Urteils über die französische Revolution. Zürich 1848, S. 168.
[3]) Ebenda S. 178.
[4]) Ebenda S. 180.
[5]) Ebenda S. 181.

können. Die Erreichung dieses Zweckes ist garantirt; dies ist der Geist des Eigentumsvertrags. Es ist Grundsatz jeder vernünftigen Staatsregierung: „Jedermann soll von seiner Arbeit leben können."[1]

„Alles Eigentumsrecht gründet sich auf den Vertrag Aller mit Allen, der so lautet: Wir alle behalten dies, auf die Bedingung, daß wir Dir das Deinige lassen. Sobald also jemand von seiner Arbeit nicht leben kann, ist ihm das, was schlechthin das Seinige ist, nicht gelassen, der Vertrag ist also in Absicht auf ihn völlig aufgehoben, und er ist von diesem Augenblick an nicht mehr rechtlich verbunden, irgend eines Menschen Eigentum anzuerkennen. Damit nun diese Unsicherheit des Eigentums durch ihn nicht eintrete, müssen alle von rechtswegen, und zufolge des Bürgervertrags, abgeben von dem Ihrigen, bis er leben kann."[2]

„Der Arme hat ein absolutes Zwangsrecht auf Unterstützung. Jeder muß von seiner Arbeit leben können, heißt der aufgestellte Grundsatz, das Leben-können ist sonach durch die Arbeit bedingt, und es giebt kein solches Recht, wo die Bedingung nicht erfüllt worden."[3]

Man sieht, daß Fichte ständig zwischen einem Recht auf Arbeit und dem auf Existenz hin und her schwankt, ohne zu einer klaren Erkenntnis und Formulirung dessen zu kommen, was ihm vorschwebt. In seinem „Geschlossenen Handelsstaat" verläßt er die Frage des Rechtes auf Arbeit völlig und beschäftigt sich ausschließlich mit dem Nachweis der Notwendigkeit eines Rechtes auf Existenz. Seine hier entwickelten Anschauungen sind in folgenden Sätzen zusammengedrängt:

„Der Zweck aller menschlichen Thätigkeit ist der, leben zu können; und auf diese Möglichkeit zu leben haben alle, die von der Natur in das Leben gestellt werden, den gleichen Rechtsanspruch."[4]

„Jeder will so angenehm leben als möglich: und da jeder

---

[1] Fichte, Grundlage des Naturrechts. Jena 1797, S. 80.
[2] Ebenda S. 31.
[3] Ebenda S. 38.
[4] Fichte, Der geschlossene Handelsstaat als Anhang zur Rechtslehre und Probe einer künftig zu liefernden Politik. Wien 1801, S. 14 f.

bies als Mensch fordert, und keiner mehr oder weniger Mensch ist, als der andere, so haben in dieser Forderung alle gleich Recht. Nach dieser Gleichheit ihres Rechtes muß die Teilung gemacht werden, so, daß alle und jeder so angenehm leben können, als es möglich ist, wenn so viele Menschen, als ihrer vorhanden sind, in der vorhandenen Wirkungssphäre neben einander bestehen sollen; also, daß alle ohngefähr gleich angenehm leben können. Können, sage ich, keineswegs müssen. Es muß nur an ihm selbst liegen, wenn einer unangenehm lebt, keineswegs an irgend einem andern." [1]

„Das entbehrliche ist überall dem unentbehrlichen, oder schwer zu entbehrenden nachzusetzen." [2]

„Es sollen erst alle satt werden und fest wohnen, ehe einer seine Wohnung verziert, erst alle bequem und warm gekleidet sein, ehe einer sich prächtig kleidet." [3]

Irgend welchen Anklang fanden die Ideen Fichtes in Deutschland nicht. Der sozialistische Gedanke schlief hier für's erste völlig ein, während er in Frankreich unaufhaltsam weiter gedieh.

Was die Republik dort nicht vermocht hatte, nämlich das stetig anwachsende Massenelend auszurotten, das gelang auch dem Kaiserreich nicht. Napoleon glaubte allerdings, ein tüchtiger Kriegsmann müsse auch dies vollbringen können. Am 24. November 1807 schrieb er an seinen Minister des Innern, Crêtet, einen Brief, worin er ihm befahl, binnen einem Monat das Elend in Frankreich auszurotten! Der Minister gehorchte. Durch Gesetz wurde das Elend für ein Verbrechen erklärt, und man glaubte es damit abgeschafft zu haben. Die Arbeit erklärte dies Gesetz für eine Pflicht; wer nicht zu arbeiten im stande sei, sollte vom Staate unterstützt werden. Es wurden daher 59 neue Armenhäuser, welche 22550 Arme aufnehmen konnten, zu den bereits bestehenden dépôts de mendicité hinzugefügt. [4]

---

[1] Ebenda S. 15.
[2] Ebenda S. 26.
[3] Ebenda S. 27.
[4] Engländer a. a. O. I S. 155 ff.

Um den brotlosen Arbeitern Beschäftigung zu geben, war Napoleon genötigt, alle nur irgend möglichen öffentlichen Arbeiten anzuordnen. Im Jahre 1810 wurden für dieselben 138, im Jahre 1811 sogar 154 Millionen fr. verwendet.[1]

Der Erfolg war trotzdem noch mehr als mangelhaft. Von Moskau zurückgekehrt, beauftragte Napoléon den damaligen Polizeipräfekten Baron Pasquier, ihm einen Bericht über den Zustand der Arbeiter in Paris abzustatten. In einem vertraulichen Antwortschreiben desselben heißt es: In der Vorstadt St. Antoine und den angrenzenden Stadtteilen giebt es Arbeiter, welche in die Läden treten und „Arbeit oder Brot" fordern u. s. w. In diesem Bericht wird konstatirt, daß von 66850 männlichen Arbeitern 21950 ohne Arbeit seien.[2]

Wir dürfen uns über diese Thatsachen nicht wundern, wenn wir bedenken, daß, abgesehen von allen anderen ungünstigen Umständen, die hier mitwirkten, aus dem einstigen gleichsam zum Cölibat verurteilten Gesellen der „freie" Arbeiter geworden war, der sich vor allem andern bemühte, diese Freiheit in dem Akt der Zeugung zur Geltung zu bringen.

Man kann es wohl als allgemein giltigen Satz hinstellen, daß jede Zeit, in der die Lage des Volkes eine elende ist, als begleitende Erscheinung sozialistische Theorien und Träumereien erzeugt. Wenn dieses Merkmal aber richtig ist, so war jetzt die Zeit für solche Theorien gegeben, und sie stellten sich in der That ein.

Fourier ist der erste, welcher statt der bis dahin üblichen Formel „Unterhalt durch die Arbeit" die kürzere Fassung „Recht auf Arbeit" (droit au travail) gebrauchte.[3] Er nennt es in seiner Théorie des quatre mouvements et des destinées générales (1808) „das erste und allein brauchbare der Men-

---

[1] Stein, Geschichte der sozialen Bewegungen in Frankreich. Leipzig 1850, I S. 294.

[2] Engländer a. a. O. I S. 172.

[3] Marcel Barthe stellt ihn in den Debatten über das Recht auf Arbeit im Jahre 1848 als den Vater dieses Rechtes hin (vergl. Moniteur vom 13. August 1848); das ist, wie wir gesehen haben, durchaus unberechtigt, höchstens könnte man ihn als den Pathen desselben bezeichnen.

ſchenrechte,"[1]) das Recht, welches „die Civiliſation zwar ver=
wirft, ohne das aber alle andern Rechte nutzlos ſind."[2]) Noch
energiſcher betont er dieſes Recht in ſeiner Hauptſchrift, der
Théorie de l'unité universelle.[3]) (1822; urſprünglich unter
dem Titel Traité de l'association domestique-agricole erſchienen.)

Seine Anſicht über dieſes Recht hat er am prägnanteſten in
folgenden Worten ausgedrückt: „Wir werden das Aequivalent
der vier Grundrechte (der Jagd, des Fiſchfangs, des Früchte=
pflückens und der Weide) nur in einer ſozialen Ordnung haben,
wo der Arme zu ſeinen Mitbürgern, ſeiner Geburtsphalange,
ſagen kann: Ich bin auf dieſer Erde geboren; ich beanſpruche
die Zulaſſung zu allen Arbeiten, welche dort ausgeführt werden,
ſowie die Sicherheit, die Früchte meiner Arbeit zu genießen;
ich beanſpruche die Lieferung der zur Ausübung meiner Arbeit
erforderlichen Werkzeuge und der Subſiſtenzmittel, als Erſatz
für das Recht zu ſtehlen (droit de vol), welches die einfache
Natur mir gegeben hat."[4])

Sismondi nannte es abſurd, einem Menſchen von den
Segnungen der öffentlichen Ordnung zu reden, wenn dieſe
öffentliche Ordnung ihn verdamme, Hungers zu ſterben,[5])
wenn er auch weit entfernt von den radikalen Anſchauungen
der Sozialiſten war.

Der Graf St. Simon erklärte[6]) die Herrſchaftsberech=
tigung der Arbeit und wies auf die Ungerechtigkeit hin, daß
der eigentlich Arbeitende zur Beſitzloſigkeit verdammt ſei. Sein
Ziel, „jedem Menſchen die freieſte Entwicklung ſeiner Fähigkeiten
zu ſichern," förderte jedoch keine poſitiven Vorſchläge zu Tage.

Schon glaubte man, die ſozialiſtiſche Bewegung würde
in friedlichere Bahnen verlaufen, da rüttelten die Ereigniſſe
der Juli=Revolution die Völker aus dieſem Glauben auf.
Nicht als ob dieſe Bewegung an ſich eine ſozialiſtiſche ge=
weſen wäre; war ſchon die Revolution von 1789 eine nur

---

[1]) Fourier, Oeuvres complètes. Paris 1841, I p. 394.
[2]) Ebenda p. 282.
[3]) Vergl. beſonders III p. 180 f. und 185.
[4]) Ebenda III p. 179 f.
[5]) Vergl. Sismondi, Nouveaux principes de l'économie politique.
Paris 1819, VI. chap. 2.
[6]) St. Simon, Catechisme des industriels. Paris 1822.

zum Teil soziale gewesen, so wies die von 1830 einen rein politischen Charakter auf. Wurde auch hie und da der Ruf laut: Du travail! du pain!, so war dies doch (nach L. Blanc's Versicherung[1]) keineswegs aus den Reihen der Kämpfer. Aber jede politische Umwälzung hat notwendig eine soziale im Gefolge. Werden erst die Leidenschaften und das Kraftgefühl des Volkes geweckt, so besinnt es sich bald genug, was es alles an seiner Lage auszusetzen habe.

Schon 1831 wurde bei den Straßenunruhen in Paris der Ruf gehört: De l'ouvrage et du pain![2]), und auf den Fahnen der Arbeiter standen drohend die Worte: Du pain ou la mort![3])

Der blutigste Akt dieser sozialistischen Bewegungen aber spielte sich in Lyon ab.

Schon Mitte 1831 machten sich dort die Vorzeichen und bald auch die Anfänge einer drohenden Volksbewegung bemerklich, deren Ursache der Notstand der Fabrikarbeiter war. Die Geschäftsstockung, eine Folge der Revolution und der immer noch nicht beseitigten Kriegsgefahr, hatte den Arbeitslohn der Seidenweber allmälig um die Hälfte, um drei Viertel und noch tiefer herabgedrückt, so daß sich an 30000 bis 40000 Fabrikarbeiter, und nicht wenige von ihnen mit Weib und Kind, dem härtesten Mangel preisgegeben sahen. Am 20. November brach der Aufstand aus; Du travail ou la mort! war die Losung der Unzufriedenen, ihre Fahnen trugen die Inschrift: „Entweder durch Arbeit leben, oder im Kampfe sterben."[4]) Der Aufstand endete mit der völligen und blutigen Niederlage der Arbeiter; Anfang Dezember war der letzte Widerstand unterdrückt.[5])

---

[1]) Blanc, Révolution française. Histoire des dix ans (1830—40). Paris 1844, I p. 280.

[2]) Ebenda II p. 297.

[3]) Stein a. a. O. II S. 363 f.

[4]) Vivre en travaillant ou mourir en combattant.

[5]) Vergl. Blanc, Hist. des dix ans. III p. 49 ff. — Rochau, Geschichte Frankreichs vom Sturze Napoleons bis zur Wiederherstellung des Kaisertums. Leipzig 1858, I S. 321 ff. — Hillebrand, Geschichte Frankreichs von der Thronbesteigung Louis Philipps bis zum Falle Napoleons III. Gotha 1877, I S. 317 ff. — Considérant, Destinée sociale. Paris 1837, I p. 259 ff.

Dasselbe Schicksal erlitt ein erneuter Aufstand der Arbeiter Lyons im Jahre 1834.[1])

Aber diese Kämpfe, so erfolglos in ihrem Verlaufe, ermangelten trotz alledem nicht weitgehender Wirkungen.

Die Welt, besonders die wissenschaftliche, sah ein, daß ein gewaltiger Gegensatz die Gesellschaft spaltete, und sie fing an, sich mit diesem Gegensatze zu beschäftigen, nach einem Mittel zur Heilung zu suchen.

Die Schüler Sismondi's forderten, was schon ihr Meister für notwendig erachtet hatte, daß die Gesetzgebung den Arbeitgeber verpflichte, seine Arbeiter zu unterstützen, selbst wenn die Arbeit mangeln sollte. Buchez trat mit seiner Assoziationsidee auf (die später L. Blanc aufnahm), ohne irgend welche Bedeutung zu erlangen; und Prosper Farbée schlug vor, daß in jedem Manufakturdistrikt ein Haus eröffnet werde, in dem die unbeschäftigten Arbeiter sicher wären, Arbeit zu finden.[2])

Vor allem aber trat die Schule Fourier's energisch für die Forderung des Rechtes auf Arbeit ein. Hier überragte alle anderen, sowohl an Eifer wie an Begabung, Victor Considérant. 1837 erschien seine Destinée sociale, welche sein Hauptwerk geblieben ist. Im Jahre 1839 gab er seine Théorie du droit de propriété et du droit au travail heraus, in der er mit nur schwachen Gründen das Recht auf Arbeit zu verteidigen sucht. Seine Schriften, die keineswegs blos eine Weiterführung und Klärung der Ideen Fourier's sind, wie man vielfach annimmt, sondern eine Menge selbständiger Ideen entwickeln, sind von außerordentlichem Einfluß auf die Ereignisse des Jahres 1848 gewesen.[3])

Weit geringer und rein negativ ist der Einfluß Proudhon's gewesen. Nachdem er in zwei Schriften (Qu'est-ce que

---

[1]) Blanc, Hist. des dix ans. IV p. 268 ff. — Hillebrand a. a. O. I S. 441 ff.
[2]) Engländer a. a. O. II S. 78.
[3]) Von seinem Meister unterscheidet er sich vor allem dadurch, daß er das R. a. A. in der bestehenden Wirtschaftsordnung für möglich hält. — Seine Begründung dieses Rechtes siehe später.

la propriété? 1840.— Systhème des contradictions économiques ou philosophie de la misère. 1846.) ben Geist der Verneinung hatte leuchten laffen, verfuchte er fich 1848, mit eben fo wenig Glück als Gefchick, in einem pofitiven Vorfchlage. Mit Hilfe einer Volksbank wollte er ben Zins aufheben unb wähnte, fo bie foziale Frage löfen zu können.

Seit ben vierziger Jahren trat mehr unb mehr bie Perfon L. Blanc's, ber bas Recht auf Arbeit unter Befeitigung jeglicher Konkurrenz burch eine „Organifation ber Arbeit" verwirklichen wollte, in ben Vorbergrunb. In bem Programm feiner 1843 gegründeten Zeitung „La Réforme", ber balb eine Menge Blätter mit ähnlichen Tenbenzen folgten, formulirte er feine Forberung folgenbermaßen: „Dem kräftigen unb gefunden Manne fchulbet ber Staat bie Arbeit, bem Greife unb bem Hilflofen fchulbet er Schutz unb Hilfe."[1]

Die Arbeiter, fo ift fein (zuerft im Jahre 1841 veröffentlichter) Plan, follen fich in „fozialen Werkftätten" vereinigen unb bort für eigene Rechnung, aber nach ben vom Staate zu erlaffenden Gefetzen, probuziren.[2] Von feinem Vorgänger Buchez unterfcheibet fich Blanc baburch, baß er ben Staat nicht zum Eigentümer ober Verwalter, fonbern nur zum Gefetzgeber jener Werkftätten machen will.

Diefer Mann, ber weber an Geift noch an Charakter fonberlich hervorragte, trotzbem er eine Zeitlang vermöge feiner rebnerifchen Begabung (unb bies genügt in Frankreich!) eine fo hervorragenbe Rolle gefpielt hat, that in Wahrheit nichts weiter, als baß er zu bem einen Schlagwort, bem Rechte auf Arbeit, ein zweites, bie Organifation ber Arbeit, hinzufügte, woburch er in ber That nicht mehr leiftete, als Onkel Bräfig, ber bie Armut von ber „Pohwertee" ableitete. Trotz allebem wurbe bas Wort „Organifation ber Arbeit" bie Devife bes Proletarier-Kreuzzuges nach bem gelobten Lanbe ber Sozialiften, eben, wie man wohl behaupten barf, wegen ber Dunkelheit biefes Ausbrucks.

---

[1] Stern, Histoire de la révolution de 1848. Paris 1851, II p. 278.

[2] Diefe fozialen Werkftätten, nach welchen Laffalle feine Probuktiv-Affoziationen konftruirte, find keineswegs mit ben ohne bie Mitwirkung Blanc's errichteten Nationalwerkftätten zu verwechfeln.

Immerhin hat Louis Blanc durch seine eifrige Agitation nicht wenig zur Entwicklung des sozialistischen Gedankens beigetragen.

Hand in Hand mit diesen Schriftstellern ging die Thätigkeit der vielen sozialistischen Gesellschaften, unter denen besonders die Société des droits de l'homme sich durch ihre hervorragende Wirksamkeit auszeichnete. Sie verfocht die „Emanzipation der arbeitenden Klasse durch eine bessere Verteilung der Arbeit, eine gerechtere Verteilung der Produkte in der Assoziation" und hatte die Robespierre'sche Erklärung der Menschenrechte in ihr Programm aufgenommen.[1]

So bereiteten sich mälig, aber sicher die Ereignisse des Jahres 1848 vor. Auch hier galt wieder das Wort: „Der Brotmangel ist die Ursache aller Revolutionen." Das Jahr 1846 brachte eine Mißernte, welche in manchen Teilen Frankreichs eine wahre Hungersnot hervorrief; der Brotpreis erreichte eine Höhe, welche ihn für die ärmsten Volksklassen fast unerschwinglich machte.[2]

## b. Das Jahr 1848.

Am 24. Februar brach die Revolution aus; tags drauf, am 25., begann der Kampf um das Recht auf Arbeit.[3]

Am Morgen des 25. Februar war die provisorische Regierung mit der Organisation der Mairien beschäftigt, als sich plötzlich ein furchtbarer Lärm um das Hôtel de ville erhob. Bald wurde die Thüre des Sitzungssaales geräuschvoll

---

[1] Blanc, Hist. des dix ans. IV p 112 ff.
[2] Rochau a. a. O. II S. 111 f. — Auch die Revolution in Deutschland hatte ihre Hauptursache in dieser Lebensmittelteuerung, vergl. Biedermann, Dreißig Jahre deutscher Geschichte (1840—70). Breslau, I S. 157 ff.
[3] Ueber die Ereignisse dieses merkwürdigen Tages sind so viele Widersprüche verbreitet, daß eine genaue Darstellung auf Grund der verschiedenen Berichte notwendig erscheint.

geöffnet, und ein Mensch trat herein, welcher in der Versammlung die Wirkung eines Gespenstes hervorbrachte. Sein Antlitz, das milde, aber edle, ausdrucksvolle und schöne Züge aufwies, war bleich. Er hatte ein Gewehr in der Hand, und die blauen Augen, mit denen er die Versammlung musterte, blitzten unheimlich. Wer schickte ihn? Was wollte er? Der Arbeiter, Namens Marche [1]) (vermutlich ein Abgesandter einer der geheimen Gesellschaften) erklärte, daß er im Namen des Volkes komme, wies mit einer herrischen Geberde auf den Grève-Platz, und den Kolben seines Gewehres auf dem Parkett aufstoßend, forderte er die Anerkennung des Rechtes auf Arbeit. [2])

Von den jetzt folgenden Ereignissen hat Blanc eine durchaus einseitige und zu seinen Gunsten gefärbte Schilderung gegeben, die so charakteristisch ist für diesen Mann, daß wir dieselbe hier in den Hauptpunkten wiedergeben wollen: [3])

Lamartine, so stellt er es dar, suchte den Arbeiter zu beschwichtigen, Marche aber unterbrach ihn mit den Worten: „Genug der Phrasen!" Da zog Blanc mit Ledru-Rollin den Arbeiter in eine Fensternische und verfaßte folgendes Dekret:

„Die provisorische Regierung der französischen Republik verpflichtet sich, die Existenz der Arbeiter durch die Arbeit zu garantiren; sie erkennt an, daß die Arbeiter sich vereinigen müssen, um die Früchte ihrer Arbeit zu genießen."

Ledru-Rollin fügte hinzu: „Die provisorische Regierung giebt den Arbeitern, denen sie gehört, die Million der Civilliste, welche bald fällig sein wird, zurück." [4])

Mit folgenden beschönigenden Redensarten sucht Blanc über die leichtsinnige Uebereilung seiner Handlungsweise hinwegzutäuschen:

„Die offizielle Anerkennung des Rechtes auf Arbeit konnte von den Arbeitern nicht in dem Sinne verstanden werden, daß

---

[1]) Rochau nennt ihn (a. a. O. II S. 177) wohl irrtümlicher Weise Salle.
[2]) Stern a. a. O. II p. 37 f. — Blanc, Histoire de la révolution de 1848. Paris 1870, I p. 126.
[3]) Vergl. Blanc, Hist. de 1848. I p. 126 ff.
[4]) Moniteur vom 26. Februar 1848.

die provisorische Regierung sich verpflichte, dieses Recht augen-
blicklich zu verwirklichen. Die Mischung von gerechtfertigter
Ungeduld und mutiger Resignation, welche die Grundstim-
mung ihrer Gefühle bildete, drückten sie in der energischen
Formel aus: Wir bringen drei Monate Elend der Republik
zum Opfer! Dies mußte die Regierung daran mahnen, daß
die Verbesserung des Schicksals der leidenden Klassen von
nun an das dringendste ihrer Geschäfte sein müsse. Und
hierin lag in meinen Augen die Wichtigkeit des Dekretes.
Ich wußte nicht, bis zu welchem Punkte es die Regierung
verpflichtete. Sehr wohl wußte ich, daß es nur vermittelst
einer sozialen Reform durchzuführen war, welche zur Grundlage die Assoziation, zum Zweck die Abschaffung des Proletariates hatte. Aber meine Absicht war, daß die Regierung
sich durch ein feierliches Versprechen gebunden fühlen und
auf diese Weise dazu geführt werden sollte, thätig die Hand
an dies Werk zu legen.

Dieser zwecks Selbstverherrlichung gefärbten Darstellung
muß der unparteiische Bericht Stern's in seiner Geschichte der
französischen Revolution gegenübergestellt werden. Hiernach
ist der Verlauf jener Ereignisse folgender gewesen:

„Bürger, sagte Marche nach jener herrischen Forderung
des Rechtes auf Arbeit, seit 24 Stunden ist die Revolution
vollzogen; das Volk erwartet noch die Resultate. Seine
Geduld erschöpft sich, es beginnt an Euren Absichten zu
zweifeln; es glaubt, daß Ihr treulosen Ratschlüssen ge-
horcht. Das Volk schickt mich, Euch zu sagen, daß es keine
Verzögerung mehr dulden wird. Es wird sich nicht eher zu-
rückziehen, als bis Ihr ihm die Existenz durch die Arbeit zugesichert habt."

Bei diesen Worten heftete Marche seine weitgeöffneten,
verwegen glänzenden Augen auf Lamartine, ohne Zweifel,
um ihn merken zu lassen, daß er ihn noch mehr als die übrigen im Verdacht habe, die Sache des Volkes zu verraten.
Lamartine erriet seine Gedanken. Er wandte sich zu dem
Arbeiter und wollte versuchen, ihn durch schmeichelnde Reden
zu gewinnen, aber kaum hatte er begonnen, als Marche ihn
unterbrach. „Genug dieser Redensarten, rief er spöttisch, ge-

nug der Poesie. Das Volk will nichts mehr vergleichen. Es ist
der Herr und befiehlt euch, ohne weitere Verzögerung das
Recht auf Arbeit zu beschließen."

Da erwiderte Lamartine, seinerseits erzürnt und gereizt
durch eine so herrische Forderung, in stolzem Tone: „Meine
Kollegen mögen in diesem Punkte thun, was sie für nützlich
halten; was mich betrifft, so erkläre ich, würde ich mit tausend-
fachem Tode bedroht, würde ich von euch diesen mit Kartätschen
geladenen Kanonen, welche sich dort vor unseren Fenstern befinden, gegenübergestellt werden, niemals werde ich ein Dekret
unterzeichnen, welches ich nie werde verstehen können."[1]

Dann senkte er den Ton ein wenig, milderte seine Stimme
und legte die Hand auf den Arm des Arbeiters, um sich besser
seiner Aufmerksamkeit zu versichern, und suchte ihn von neuem
zu überreden, indem er ihm zugab, daß der Wunsch des Volkes
gerecht sei und verdiene, in Erwägung gezogen zu werden. In
beredten Zügen schilderte er ihm die kritische Lage der Regierung, die von tausendfachen Sorgen bedrängt und gezwungen
sei, auf einmal allen Bedürfnissen gerecht zu werden. Er
zeigte ihm, wie die Republik in Gefahr schwebe, ihre Feinde
vor den Thoren seien; er bestand darauf, daß ein so großes
Problem wie das Recht auf Arbeit nicht beschlossen werden
könnte in Abwesenheit und ohne die Stimmen aller maßgebenden
Männer, aller aufgeklärten Republikaner, auf welche das
Volk sein Vertrauen gesetzt habe. Als Lamartine so, immer
ruhiger werdend, seine Gedanken entwickelte, wandte sich Marche,
in seiner Ueberzeugung wankend geworden, zaudernd und allmälig gerührt, an die mit ihm gekommenen Abgesandten, um
sie um Rat zu fragen. Diese, ehrliche und aufrichtige Männer,
bevollmächtigten einander durch Blicke und Bewegungen, nicht
darauf zu bestehen. Marche verstand sie. „Nun wohl, rief
er endlich aus, ja, wir werden warten. Die Arbeiter leiden;
alles fehlt ihnen zu gleicher Zeit. Kein Brot heute; keine
Arbeit morgen; nichts als ununterbrochenes Elend. Aber
was würden sie nicht für die Republik ertragen? Ja, rief
er feurig, wir wollen euch helfen, sie gegen ihre Feinde zu

---

[1] Vergl. Lamartine a. a. O. I p. 304.

vertheidigen; ja, wir glauben euren Versprechungen; wir werden Zutrauen zu unserer Regierung haben, da sie Zutrauen zu uns hat; das Volk wird warten, es bringt drei Monate Elend der Republik zum Opfer."[1])

Merkwürdig! ruft Stern aus, während Lamartine so die Arbeiter von einer übereilten Maßregel abbrachte, während die Proletarier durch ihr Organ Marche die Verwirklichung ihrer Wünsche auf bessere Zeiten verschoben, improvisirte Blanc, der sich mit Ledru-Rollin und Flocon in eine Fensternische zurückgezogen hatte, mit eiliger Feder ein Dekret, welches genau das bewilligte, worauf sie soeben verzichtet hatten. Die Verwegenheit des jungen Sozialisten errang so den Sieg über das hinaus, was die Vernunft des Volkes in Wahrheit verlangte. Nicht das Volk war es, welches ihn hinriß, er im Gegenteil zog das Volk mit sich fort.

Stern fügt hinzu: Mag es immer sein, daß dies un= überlegte Dekret, welches mit einem Schlage alle Gesetze und alle industriellen und kommerziellen Beziehungen der Gesellschaft umstürzte, ohne irgend etwas über ihre Neugestaltung fest= zusetzen, von der Gesamtheit der Mitglieder der provisorischen Regierung unterzeichnet wurde. Das, was sich nach und nach ver= wirklichen sollte, ohne Zwang vor allem, durch die Uebereinstimmung der öffentlichen Meinung und durch internationale Ueberein= kunft, nämlich die Umgestaltung der industriellen Welt, wurde mit der Macht der Autorität von einigen Männern beschlossen, die volkswirtschaftlichen Studien fremd gegenüberstanden, auf die Anregung eines in diesen schwierigen Fragen zwar be= wanderten Geistes, der jedoch ohne praktische Erfahrung und in die Enge eines Systems eingezwängt war. Vorurteil und Schwäche stürzten sich verwegen in ein Chaos, in welches selbst das Auge des Genies nur mit Vorsicht zu bringen gewagt hatte.[2]) —

So unüberlegt Blanc's Handlungsweise erscheint, ebenso maßvoll und vernünftig war die Haltung der Arbeiter an diesem Tage. „Es war nicht mehr das Volk von 1793,

---

[1]) Vergl. Stern a. a. O. II p. 38 ff.
[2]) Ebenda p. 40 ff.

sagt Lamartine, ein Geist der Einsicht und Ordnung hatte diese Massen durchbrungen und die Vernunft, ausgedrückt durch das Wort, mußte in der Seele dieser arbeitsamen Menschen ein Echo, in ihren Armen eine Macht finden." [1])

Die erste verhängnisvolle Folge jenes Beschlusses war die Errichtung der Nationalwerkstätten, die durch Dekret vom 26. Februar beschlossen wurden.

Unterdessen war die Begehrlichkeit der Arbeiter durch jenen Sieg nur noch gewachsen. Wenige Tage später verlangten sie ein „Ministerium der Arbeit und des Fortschritts", eine Forderung, die Blanc (den das Portefeuille reizen mochte) eifrig befürwortete. Mit Mühe bewog man ihn, davon abzulassen, und statt dessen wurde zur Beruhigung des Volkes (und wohl auch Louis Blanc's) die Bildung einer permanenten Arbeiterkommission beschlossen, zu deren Präsidenten man Blanc ernannte, die jedoch nicht das geringste Resultat erzielt hat. [2]) Die diesbezügliche Proklamation lautete folgendermaßen: [3])

„In der Erwägung, daß die Revolution, welche vom Volke gemacht ist, auch für dasselbe gemacht sein soll, daß es Zeit ist, den langen und außerordentlichen Leiden der Arbeiter ein Ziel zu setzen, daß die Frage der Arbeit von der größten Wichtigkeit ist, daß es keine höhere, einer republikanischen Regierung würdigere Beschäftigung giebt, daß es besonders Frankreichs Sache ist, ein Problem eifrig zu studiren und zu lösen, welches heute allen industriellen Nationen Europas gestellt ist, daß man ohne die geringste Verzögerung darauf bedacht sein muß, dem Volke die rechtmäßigen Früchte seiner Arbeit zu verbürgen, beschließt die provisorische Regierung der Republik: Eine permanente Kommission unter dem Namen Regierungskommission für die Arbeiter soll ernannt werden mit der ausdrücklichen und alleinigen Aufgabe, sich mit dem Schicksal derselben zu beschäftigen.

---

[1]) Lamartine a. a. O. I p. 217.
[2]) Vergl. Blanc, Hist. de 1848. I p. 133 ff. und Stern a. a. O. II p. 43 ff.
[3]) Wir geben dieselbe wörtlich wieder, weil sie eine vorzügliche Probe des phrasenreichen Stiles jener Freiheitshelden ist, die den Mund weit aufmachten, die Taschen aber zuhielten.

Um zu zeigen, welche Wichtigkeit die provisorische Regierung der Republik der Lösung dieses großen Problemes beilegt, ernennt sie zum Präsidenten der Regierungs-Kommission f. b. A. eines ihrer Mitglieder, Herrn L. Blanc, und zum Vizepräsidenten ein anderes ihrer Mitglieder, Herrn Arbeiter Albert. Arbeiter werden berufen werden, sich an der Kommission zu beteiligen. Der Sitz der Kommission wird im Palais Luxembourg sein." [1])

Unterdessen traten die Nationalwerkstätten in Thätigkeit. Der Minister der öffentlichen Arbeiten, Marie, ernannte den Ingenieur Emile Thomas zum Direktor derselben. Die Arbeiten in ihnen bestanden, wie Sudre berichtet, im Erdumschaufeln, Dammaufwerfen, Straßenausbessern, Abbürsten von Brückengeländern und Laternenständern, die der Regen fast alle Tage blank wusch und ähnlichen lächerlichen Verrichtungen. [2])

Caussidière erklärte in der Nationalversammlung, die Arbeiter thäten nichts als Erde herausgraben und von einem Ort zum andern schaffen. [3])

Genützt hatten sie in Wahrheit garnichts, waren sie ja doch nur ins Leben getreten, „ pour donner à l' aumône l'apparence du salaire." [4]) Die Nationalwerkstätten beweisen, sagt Thonissen, daß die Substituirung des Gemeininteresses an Stelle des Sonderinteresses weit entfernt davon ist, jene Wunder zu erzeugen, die L. Blanc versprochen hatte. [5])

Bald war die Anzahl der in ihnen beschäftigten Arbeiter auf 150000 Mann angewachsen, sodaß sie eine bewaffnete Macht von gefährlichem Umfange bildeten. Dabei erforderten sie Opfer, welche die Finanzverhältnisse des Landes zerrütten mußten. Bis zum 5. März betrugen die Ausgaben für sie

---

[1]) Moniteur vom 29. Februar 1848.
[2]) Sudre, Geschichte des Kommunismus. Uebers. Berlin 1882, S. 878.
[3]) Moniteur vom 21. Juni 1848.
[4]) Pelletan, La nouvelle Babylone. Paris 1862, p. 51.
[5]) Thonissen, Le socialisme depuis l'antiquité. Louvain 1852, II p. 110.

schon mehr als 7 Mill. fr.,[1]) im ganzen haben sie nahe an 15 Mill. gekostet.[2])

Blanc verteidigt, wohl mit Recht, dies Mißlingen der Nationalwerkstätten damit, daß der Minister Marie ein erklärter Feind des Sozialismus und der Direktor Thomas sein persönlicher Gegner gewesen sei,[3]) und auch Lamartine giebt zu, daß sie „vom Geiste seiner Gegner inspirirt gewesen wären."[4])

„Diese berüchtigten und kläglichen Nationalwerkstätten, sagt Blanc, zu deren Urheber man mich in den Augen des gesamten Europa hat stempeln wollen, sind im Gegenteil nicht ohne mich, sondern gegen mich geschaffen worden."[5])

Die durch die Nationalwerkstätten repräsentirte Macht übte einen unwiderstehlichen Einfluß auf die Beratungen der Nationalversammlung aus. Derselbe war so groß, daß das Recht auf Arbeit in der That ohne Umschweife in den noch vor dem Juni angefertigten Verfassungsentwurf aufgenommen wurde. Ueberhaupt dominirte im Gouvernement provisoire noch bedeutend der Einfluß der Sozialisten, die damals die breite Masse des Volkes hinter sich hatten. Am 20. Juni gelangte der von dem ultrademokratischen Cormenin redigirte Verfassungsentwurf zur Veröffentlichung, der die weitgehenden Forderungen der Sozialisten in folgenden Artikeln erfüllte:

Art. 2. Die Verfassung gewährleistet allen Bürgern: die Freiheit, die Gleichheit, die Sicherheit, den Unterricht, die Arbeit, das Eigentum, die Unterstützung.

Art. 7. Das Recht auf Arbeit ist jenes Recht, welches jeder Mensch hat, durch Arbeit zu leben. Die Gesellschaft soll durch die produktiven und allgemeinen Mittel, über welche sie verfügt, und die anderweitig organisirt werden sollen, den gesunden Leuten, die sich nicht auf anderem Wege Arbeit verschaffen können, solche liefern.

---

[1]) Stern a. a. O. II p. 144.
[2]) Stein a. a. O. III S. 258 ff.
[3]) Blanc, Hist. de 1848. I p. 217 ff.
[4]) Lamartine a. a. O. II p. 85.
[5]) Blanc, Rév. franç. de 1789. III p. 101.

Art. 9. Das Recht auf öffentliche Unterstützung ist jenes, das verlassene Kinder, Invaliden und Greise besitzen, vom Staate die Mittel zu ihrem Unterhalte zu bekommen.

Art. 132. Die wesentlichen Bürgschaften des Rechtes auf Arbeit sind: Die Freiheit der Arbeit selbst, die freiwillige Assoziation, die Gleichheit der Beziehungen zwischen Arbeitgeber und Arbeiter, der unentgeltliche Unterricht, die gewerbliche Erziehung, die Spar= und Kreditinstitute und die Herstellung großer Arbeiten von öffentlichem Nutzen, bestimmt, im Falle von Arbeitslosigkeit die unbeschäftigten Hände zu verwenden.[1] —

Die Macht der Nationalwerkstätten war unterdeß in gefahrbrohender Weise gewachsen, sobaß die Regierung sich endlich genötigt sah, zu ihrer Auflösung zu schreiten. Die Arbeiter waren entschlossen, dieser Maßregel energischen Widerstand entgegenzustellen, und so entwickelte sich, unmittelbar hinter der Veröffentlichung des Entwurfes, die bekannte Junischlacht, welche in drei Tagen blutigen Kampfes ausgefochten wurde und mit einer völligen Niederlage der Arbeiterpartei endete.

Jetzt, nach der Unterwerfung des Proletariates, trat wieder die Partei der Ordnung an die Spitze. Der erste, unter dem Druck der Nationalwerkstätten geschaffene, Verfassungsentwurf wurde verworfen, und unter der Redaktion Marrast's ein zweiter in Angriff genommen, der am 29. August in der Kammer zur Verlesung kam.

Art. 8 des préambule lautete:

Die Republik schuldet den bedürftigen Bürgern den Unterhalt, sei es, indem sie denselben innerhalb der ihr zu Gebote stehenden Mittel Arbeit verschafft, sei es, daß sie in Ermanglung der Familie denen, die außer stande sind zu arbeiten, die Existenzmittel gewährt.

Diese Bestimmungen wurden weiter ausgeführt in Art. 13 des Entwurfes:

Die Verfassung garantirt den Bürgern die Freiheit der Arbeit und der Industrie. Die Gesellschaft begünstigt und

---

[1] Moniteur vom 20. Juni 1848.

ermutigt die Entwicklung der Arbeit durch den unentgeltlichen Elementarunterricht, die gewerbliche Erziehung, die Gleichheit der Beziehungen zwischen Arbeitgeber und Arbeiter, durch Spar= und Kreditinstitute, die freiwillige Assoziation und die durch den Staat, die Departements und die Kommunen zu treffende Einrichtung öffentlicher Arbeiten, welche geeignet sind, unbe= schäftigte Hände zu verwenden; sie gewährt den verlassenen Kindern, den schwachen und hilflosen Greisen, denen ihre Familien nicht helfen können, Unterstützung. [1])

In den jetzt folgenden Beratungen über die neue Ver= fassung war unstreitig der Hauptpunkt die Frage des Rechtes auf Arbeit, welches die sozialistische Partei mit Anspannung aller Kräfte in die Verfassung zu bringen suchte. Doch war nach dem totalen Siege der Ordnungsparteien der Ausgang dieser Beratungen kaum noch zweifelhaft. [2])

Der Berichterstatter der Kommission, Armand Marrast, ließ sich über die Intentionen jener Paragraphen des Ver= fassungsentwurfes folgendermaßen aus:

„Wir sind überzeugt und behaupten, daß eine Gesellschaft schlecht eingerichtet ist, wenn Tausende rechtschaffener, gesunder und arbeitsamer Leute, welche kein anderes Eigentum besitzen als ihre Arme, keine anderen Unterhaltsmittel als ihren Ar= beitslohn, sich zu den Schrecken des Hungers, den Qualen der Verzweiflung oder zur Erniedrigung des Almosens verurteilt sehen, ereilt durch Umstände, die stärker sind als ihre Willens= kraft, und die sie von dem Dache verjagen, unter dem ihr Lohn sie leben ließ.

Wir sagen, daß wenn ein Bürger, dessen Arbeit sein Leben bedingt, sich zu arbeiten erbietet, um sich, eine Frau, Kinder, einen greisen Vater und eine Familie zu ernähren, wenn die Gesellschaft hier mitleidslos die Augen abwendet, wenn sie antwortet: Ich habe keine Arbeit für euch, sucht euch welche oder sterbt, ihr mit den Eurigen! so ist diese Ge=

---

[1]) Moniteur vom 31. August 1848.
[2]) Wir halten es für nötig, den Gang dieser Verhandlungen etwas ausführlicher zu bringen, da dieselben in deutscher Sprache noch nicht wiedergegeben worden sind.

ſellſchaft ohne Gefühl, ohne Tugend, ohne Sittlichkeit, ohne
Sicherheit. Sie beſchimpft die Gerechtigkeit, ſie lehnt ſich auf
gegen die Menſchlichkeit; ihre Handlungsweiſe verletzt alle
Grundſätze, welche die Republik verkündet hat.

Im Namen dieſer Grundſätze eben haben wir in die
Verfaſſung das Recht, durch die Arbeit zu leben, geſchrieben,
das Recht auf Arbeit.

Dieſe Formel iſt zweideutig und gefährlich erſchienen.
Man hat gefürchtet, daß ſie eine Prämie für Müßiggang und
Lieberlichkeit ſei; man hat gefürchtet, daß Legionen Arbeiter
dieſem Recht eine Tragweite geben würden, welche es nicht hat,
und ſich damit als einem Rechte zum Aufſtande bewaffnen
würden. Zu dieſen erheblichen Einwänden tritt ein noch
gewichtigerer: Wenn der Staat ſich verpflichtet, allen denen,
welche aus irgend einem Grunde beſchäftigungslos ſind, Arbeit
zu liefern, ſo wird er auch jedem ſolche Arbeit geben müſſen,
für die er geeignet iſt. Der Staat wird alſo Fabrikant,
Kaufmann, Groß- oder Kleinproduzent werden; belaſtet mit
allen Bedürfniſſen, wird er das Monopol jeder Induſtrie
haben müſſen.

Derart übermäßige Folgerungen hat man in unſerer
Formulirung des Rechtes auf Arbeit geſehen; und da dieſelbe
unſeren Gedanken ſo entgegengeſetzte Auslegungen zuließ, ſo
haben wir dieſen Gedanken klarer und unzweideutiger machen
wollen, indem wir das Recht des einzelnen durch die der
Geſellſchaft auferlegte Pflicht erſetzten.

Die Form hat gewechſelt, die Sache bleibt dieſelbe.

Nein, wir haben niemals gewollt, daß die Verfaſſung
den faulen oder unſittlichen Arbeiter ermutigen könne, die
Werkſtatt im Stich zu laſſen, um vom Staate eine leichtere
Arbeit zu verlangen; wir haben niemals gewollt, daß der
Staat der Privatinduſtrie eine mörderiſche Konkurrenz machen
könne. Wir würden es uns als einen Frevel anrechnen, auch
nur die Miene anzunehmen, als ob wir dieſen ſchroffen Dok-
trinen die Hand reichten, deren erſtes Wort die Vernichtung
der Freiheit und deren letztes Wort der Untergang jeder ge-
ſellſchaftlichen Ordnung iſt.

Aber wie? Giebt es keinen festen und sicheren Weg
zwischen den Grausamkeiten der Selbstsucht und den Abgründen
des Wahnsinns? Kann die Gesellschaft nichts versuchen, nichts
organisiren, um die arbeitsame Bevölkerung auf eine höhere
Stufe des Unterrichts, der Sittlichkeit und des Wohlstandes
zu heben, ohne zugleich alle Schrecken des Aufruhrs zu ent-
fesseln?"

Dieser Weg, führt Marrast aus, hat sich durch die im Entwurf vorgeschlagenen Paragraphen gefunden, deren Absicht es ist,
den Arbeiter zu schützen und gegen Not und Elend zu sichern.[1]

Am 5. September begannen die Beratungen und zwar
zuerst über das préambule. Fresneau stellte den Antrag,
dasselbe gänzlich wegfallen zu lassen,[2] eine glänzende Rede
Lamartine's entschied jedoch den Sieg.

Das Amendement Fresneau wurde mit 491 gegen 225
Stimmen verworfen.[3]

Am 11. September begannen die Debatten über Art. 8
des Entwurfes. Mathieu de la Drôme stellte demselben
folgendes Amendement entgegen: „Die Republik soll den
Bürger in seiner Person, seiner Familie, seiner Religion und
seinem Eigentum schützen. Sie erkennt das Recht aller
Bürger auf den Unterricht, die Arbeit und die Unterstützung an."

In gewandter, viel unterbrochener Rede verteidigt er
seinen Antrag.

Er verwahrt sich gegen die Beschuldigung, daß sein Antrag kommunistischen Ideen das Feld ebnen solle; mit
schlagenden Gründen beweist er die Notwendigkeit des Rechtes
auf Unterricht und auf Unterhalt und geht dann zur Verteidigung des Rechtes auf Arbeit über. Er hebt hervor,
daß er den Individuen mit diesem Rechte keineswegs
seine Verantwortlichkeit und den Sporn zur Selbstthätigkeit
nehmen wolle; der einzelne müsse sich durch seine Anstren-
gungen eine anständige, unabhängige Stellung in der Gesellschaft zu schaffen suchen, wenn aber jemand trotz aller
Bemühungen Schiffbruch leide, so sei es Pflicht der mensch-

---

[1] Moniteur vom 31. August 1848.
[2] Moniteur vom 6. September 1848.
[3] Moniteur vom 7. Sept. 1848.

lichen Gesellschaft, denselben durch Zuweisung nützlicher Arbeiten vom Untergang zu retten. Das Recht auf Arbeit, fährt er fort, ist ein notwendiges Aequivalent des Rechtes auf Eigentum, ohne jenes ist dieses nicht denkbar. Man sagt, es stünde dem Arbeiter frei, schlecht gelohnte Arbeit zurückzuweisen. Dies heißt ganz einfach, es steht ihm frei, vor Hunger zu sterben; der Besitzlose ist der Sklave des Besitzenden. Selbst diejenigen, welche nicht zugeben, daß die Arbeit ein Recht ist, müssen wenigstens eingestehen, daß sie eine Notwendigkeit ist; wird aber jemand leugnen wollen, daß eine Notwendigkeit, welche nicht durch ein Recht gestützt wird, notwendigerweise zur Sklaverei führen muß! Jeder Mensch hat das Recht, sich Eigentum zu erwerben; da dies ohne Arbeit nicht möglich ist, hat er das Recht auf Arbeit. Ich behaupte, daß die Verweigerung dieses Rechtes geradeswegs zum Kommunismus führt, denn wer das Recht auf Arbeit leugnet, verwirft die Berechtigung des Eigentums. Die Garantie der Arbeit ist für die Völker der Weg zum Wohlstand; was anders hat die meisten Kriege herbeigeführt, welche die Welt seit ihrem Bestehen in Schrecken setzten, als die leidige Frage: Wie sollen wir unsern Durst, unsern Hunger stillen? Der Arbeiter ist ehrenhaft, er hat edle und erhabene Gefühle, aber es giebt etwas Stärkeres als diese Gefühle, das ist der Hunger, das sind arme Kinder, welche nach Brot schreien. Setzen Sie an Stelle des Rechtes auf Arbeit für den gesunden Arbeiter das Recht auf Unterstützung, und ich versichere Ihnen, daß die Geschichte eines Tages sagen wird, Sie haben für die Erniedrigung, die Herabwürdigung, die Entsittlichung der ersten Nation der Welt gestimmt. . . . . . . .

Namentlich bezeichnet er die Bodenkultur als dasjenige Gebiet, auf dem unbeschäftigte Hände am besten zu verwenden seien. Er schließt seine Rede mit den Worten:

Drei unbestreitbare Wahrheiten rufe ich Ihnen in's Gedächtnis:

Die Arbeit ist nicht beschränkt.

Der arbeitende Mensch bringt mehr hervor, als er verbraucht.

5

Es ist ein Vorteil, den Wohlstand der Arbeiter zu vermehren.

Sittlichkeit und Religion haben uns bewiesen, daß die
Menschen Brüder waren; die Wissenschaft selbst bestätigt diese
Wahrheit, die Wissenschaft beweist, daß die Interessen aller
Menschen solidarisch sind. Ehre dem Volke, welches zuerst
diese Wahrheit begreifen wird. Beschließen Sie das Recht
auf Arbeit und Sie werden ein bedeutsames Blatt in dem
Buche der Geschichte ausfüllen. [1]

Nicht ganz so entschieden wie dieser Redner, tritt Pelletier
für das Recht auf Arbeit ein; er hebt mehr die Notwendigkeit des Rechtes auf Unterhalt hervor, welches jedoch erst
dann eintreten soll, wenn der Staat außer stande ist, Arbeit
zu beschaffen. Seine Rede ist von heftigen Ausfällen gegen
Malthus, dessen Grundsätze er als inhuman verwirft, erfüllt.
Um jeden Aufstand, jedes Blutvergießen, jeden Bürgerkrieg
unmöglich zu machen, so schließt er seine Rede, muß man dem
Menschen die Furcht vor dem folgenden Tage nehmen. [2]

Der nächste Redner, Tocqueville, zeigt, daß alle diese
Forderungen der Sozialisten sich in Wahrheit gegen das
Eigentum richten, daß sie den Staat nicht allein zum Lelter
der Gesellschaft, sondern gleichsam zum Beherrscher jedes einzelnen Menschen machen wollen, daß der Sozialismus nur
eine Form der Sklaverei sei. Der Staat der Sozialisten,
ruft er aus, ist eine reglementirte, genau geregelte, abge-
zirkelte Gesellschaft, in welcher der Staat alles, der einzelne
nichts ist, deren einziges Ziel der Wohlstand ist; kurz, eine
Gesellschaft nicht von denkenden Menschen, nein, von unver-
nünftigen Tieren. Der Sozialismus verwandelt den Menschen
in einen Beamten, ein Werkzeug, eine Zahl. Der Staat
hat kein Recht, sich mitten in die Industrie zu stellen, ihr
Vorschriften aufzuerlegen, das Individuum zu tyrannisiren,
um es besser zu regieren, oder, wie man unverschämter Weise
behauptet, um es vor sich selbst zu retten. [3]

---

[1] Moniteur vom 12. Sept. 1848.
[2] Moniteur vom 13. Sept. 1848.
[3] Ebenda.

Diesen Ausführungen tritt Ledru-Rollin entgegen. Der Mensch, erklärt er, empfängt von der Natur das Recht zu leben; wehe der Gesellschaft, wenn sie es ihm nicht durch das Recht auf Arbeit zubilligt. Trotz dieser Verteidigung des Rechtes auf Arbeit verwahrt er sich von einem schwer zu begreifenden Standpunkt aus gegen den Sozialismus, giebt auch zu, daß man vorläufig noch kein Mittel absehen könne, wie jenes Recht zu verwirklichen sei. [1]

Auf einen vermittelnden Standpunkt stellt sich Duvergier de Hauranne. Ein Recht auf Arbeit, zeigt er, ist überflüssig, solange die Industrie sich in blühendem Zustande befindet. Aber im Leben der Völker, besonders der gewerbetreibenden, kommt es häufig vor, daß Tausende dessen beraubt werden, was sie zum täglichen Unterhalt bedürfen; dann soll der Staat, und die Notwendigkeit zwingt ihn schon von selber dazu, mit allen Kräften sich bemühen, diese Uebelstände zu heilen. Aber grundfalsch ist es, ein Recht auf Arbeit zu gewähren. Die Arbeiter, welche wissen, daß den glücklichen Zeiten trübe folgen können, suchen sich durch Sparsamkeit gegen diese zu sichern. Fällt durch Gewährung jenes Rechtes diese Furcht weg, so fällt mit ihr auch jeder Antrieb zur Vorsorge, zur Sparsamkeit. Aber dem Arbeiter geht mit diesem Rechte noch eine andere Hilfsquelle verloren, nämlich die Mildthätigkeit der Privatpersonen, welche, sobald der Staat alle Verpflichtungen übernimmt, keinen Grund mehr haben wird, sich zu bethätigen. [2]

Dieser Ansicht, daß nur in schlimmen Zeiten ein Notrecht auf Arbeit gehandhabt werden soll, tritt auch Marcel Barthe bei. Er zeigt, daß die Durchführung eines Rechtes auf Arbeit eine völlige Organisation der Arbeit bedinge. Die Organisation der Arbeit aber, erklärt er, ist eine vollständige Reorganisation der ganzen Gesellschaft. Das Recht auf Arbeit ist das erste Glied der Kette, welche die Kommunisten der Gesellschaft anlegen wollen. [3]

Die beste Widerlegung des Rechtes auf Arbeit gab in

---

[1] Ebenda.
[2] Ebenda.
[3] Ebenda.

einer glänzenden Rede Thiers; die Grundgedanken derselben
lassen sich etwa in folgenden Worten wiedergeben:

Es giebt nichts Gefährlicheres, als wenn ein Volk,
dessen Schicksal man verbessern will, dessen Leidenschaften man
schmeichelt, sich der Herrschaft bemächtigt, nichts Gefährlicheres,
als diesem Volke zu sagen, daß ihm ein Gut gehöre, welches
böswillige Besitzer ihm unrechtmäßiger Weise vorenthalten.
Die Stützen der modernen Gesellschaft sind folgende drei
Prinzipien: Das Eigentum, die Freiheit und die Konkurrenz.
Die erste Grundlage des Eigentums ist die Arbeit. Ohne
die Arbeit ist der Mensch das elendeste der Wesen. Die Natur,
die Gesellschaft rufen dem Menschen zu: Arbeite! Arbeite!
und du wirst die Frucht deiner Arbeit genießen. Indem
sie ihm dies sagt, giebt sie ihm einen mächtigen Ansporn.
Aber es ist notwendig, daß dieser Ansporn unaufhörlich
wirke, alsdann wird auch sein Eifer unermüdlich sein. Durch
das persönliche Eigentum wird dieser Ansporn machtvoll, durch
das erbliche Eigentum wird er unaufhörlich. Ueberall steht
die Glückseligkeit im Verhältnis zu der Achtung, welche das
Eigentum genießt. Zum Prinzip des Eigentums aber tritt
das der Freiheit, welches seine Hauptwirkung in dem dritten
Prinzip, dem der Konkurrenz, findet. Die Gesellschaft sagt
nicht nur: Arbeite! sie sagt: Versuche besser zu arbeiten als
dein Nachbar! Wenn Du bessere Produkte erzielst als er,
so wirst Du den Sieg über ihn davontragen! Wem anders
als diesem Ansporn verdanken wir alle Fortschritte, welche
die letzten Jahrhunderte gezeitigt haben? Die Konkurrenz,
der Eifer, Besseres zu leisten, hat die Kraft der Arme
durch die des Dampfes ersetzt. Seit fünfzig Jahren haben
wir die Wunder des Spornes der in diesem industriellen
Wetteifer liegt, erblickt. Man hat irriger Weise gemeint, das
Volk trage die Kosten dieser Konkurrenz; im Gegenteil hat
gerade sie der Gesellschaft alle Produkte in größter Reichhaltigkeit
und weit billiger verschafft. Ausführlich weist er nach, daß dank
dieser Konkurrenz der Lohn des Arbeiters bedeutend gestiegen
sei, und seine Lage im Vergleich zu früheren Zeiten sich
wesentlich gebessert habe. Von dem Fortschritte der Gesellschaft,
führt er aus, haben alle Vorteil gehabt, aber zum Glück die

Arbeit noch mehr als das Kapital; der Gang der Civilisation wendet sich gegen die Armut der arbeitenden Klassen. Thiers wendet sich dann weiter gegen den Kommunismus, die Assoziation und die sonstigen Formen des sozialistischen Gedankens, um zum Schluß insbesondere die Unmöglichkeit eines Rechtes auf Arbeit auseinanderzusetzen. Die Erde, sagt er, ist mit Kapitalien, Werkzeugen, Vorräten u. s. w. bedeckt. Was für ein Interesse haben die früheren Besitzer des Landes, welche alles dies hervorgebracht, gehabt, sich dieser Mühe zu unterziehen? Dieses Interesse ist die Rente. Ist es zu verwundern, daß sie für diese Kapitalien einen Zins verlangen? Es ist also kindisch, auf Grund der Besitznahme dieses, durch sie erst wertvoll gemachten Landes ein Recht auf Arbeit zu fordern. Man sagt uns, daß Almosen nehmen etwas Erniedrigendes enthalte. Welcher Unterschied ist denn zwischen einem Arbeiter, dem aus Mangel an Brot Geld gegeben wird, und demjenigen, dem man aus demselben Grunde, aus dem Grunde des Mitleids, Arbeit giebt? Es ist eben thöricht, zu behaupten, daß eine Wohlthat erniedrige. Daß der Staat sich nicht zum Unternehmer eignet, ist schon hervorgehoben worden, wohin aber die Ausführung öffentlicher Arbeiten führt, haben uns die Nationalwerkstätten gezeigt. Der verderblichste Fehler aber ist der, die Finanzkraft des Landes für unerschöpflich anzusetzen, während sie in der That eng begrenzt ist. Er schließt seine von lebhaftem Beifall begleitete Rede mit einem Appell „nicht an die Menschlichkeit, sondern an die Gerechtigkeit der Gesellschaft."[1]

Victor Considérant entgegnet ihm, daß die Gesellschaft ihm keineswegs so gut organisirt scheine, daß in einer Weltordnung, deren Hauptprinzip die Konkurrenz ist, Proletariat und Pauperismus in gleicher Weise sich ausbreiten müssen. Zum Schluß verlangt er vier Abendsitzungen, um seine Ansichten auseinanderzusetzen, eine Forderung, die allgemeines Entsetzen hervorruft.[2]

Martin-Bernard verwechselt das Recht auf Arbeit, welches er das heiligste und unverletzlichste aller Rechte nennt,

---

[1] Moniteur vom 14. Sept. 1848.
[2] Ebenda.

beständig mit dem auf Existenz; des weiteren verbreitet er sich
über die Assoziation, welche er für die zukünftige Form der
Gesellschaft erklärt.[1])

Alsdann läßt sich Lamartine in einer längeren Rede
über das Recht auf Arbeit aus, ohne daß man recht zur
Klarheit kommen kann, ob er dasselbe verwirft oder ver=
teidigt, da er es von dem Rechte auf Existenz nicht zu unter=
scheiden vermag. Er fordert das Recht jedes einzelnen,
nicht Hungers sterben zu müssen; nicht das Recht auf jede
Arbeit, wohl aber auf die Existenz, die Garantie der Unter=
haltsmittel durch die dem Arbeiter im Falle bringender Not
und unfreiwilliger Erwerbslosigkeit gelieferte Arbeit und
zwar zu den von der Verwaltung des Landes bestimmten
Bedingungen, immer natürlich in den Grenzen ihrer Macht.[2])

Da unterdessen die Aussichtslosigkeit der Mathieu'schen
Forderung klar zu Tage getreten war, brachte Glais-Bizoin
ein anderes Amendement mit folgendem Wortlaut ein: „Die
Republik soll den Bürger in seiner Person, seiner Familie,
seinem Eigentum, seiner Arbeit schützen. Sie erkennt das
Recht aller Bürger auf den Unterricht, das Recht auf die Existenz
durch Arbeit und auf Unterstützung an.“ Jedoch auch
hierfür war erklärlicher Weise keine Majorität zu finden, da
die Constituante zur großen Mehrzahl aus liberalen Ele=
menten bestand. Das Amendement wurde mit 596 gegen
187 Stimmen abgelehnt.[3])

Am 15. September wurde die von der Kommission be=
antragte Fassung angenommen.[4]) Am 21. kam Art. 13 der
Verfassung zur Beratung, der ohne weiteren Widerspruch
genehmigt wurde.[5])

Bei der zweiten Lesung verlangte Pyat anstatt des
droit au travail mit einer Umgehung jener Worte ein droit
de travail. Trotzdem Pyat's Rede vorzüglich war, konnte

---

[1]) Moniteur vom 15. Sept. 1848.
[2]) Moniteur vom 15. Sept. 1848.
[3]) Ebenda.
[4]) Moniteur vom 16. Sept. 1848.
[5]) Moniteur vom 22. Sept. 1848.

die Abstimmung nicht mehr zweifelhaft fein; fein Antrag wurde mit 638 gegen 86 Stimmen verworfen. [1])

Die endgiltige Annahme der Konstitution erfolgte am 4. November. [2]) Der Kampf um das Recht auf Arbeit hatte mit einer völligen Niederlage der Sozialisten geendet.

Garnier giebt die Meinungen mehrerer hervorragender Männer über das Recht auf Arbeit wieder, von denen hier in einigen kurzen Bemerkungen Notiz genommen werden soll.

Léon Faucher fagt u. a.: Unter allen revolutionären Verirrungen kenne ich keine gefährlichere, keine, die mehr den Umsturz alles Bestehenden bedingt, als jene, welche sich unter dem anscheinend gesetzlichen Banner des Rechtes auf Arbeit verbirgt. . . . . . Die Verteidiger dieses Rechtes gehen sämmtlich von dem sophistischen Satze Rousseau's aus: „Alles ist gut, was aus den Händen des Schöpfers hervorging, alles entartet unter den Händen des Menschen." . . . . Das Recht auf Arbeit richtet sich gegen das Recht auf Eigentum. . . . . Das Recht auf Arbeit beschließen, das heißt den Staat zum Lenker aller Existenzen, zum Meister aller Schicksale, zum Unternehmer aller Industrien machen. Das Recht auf Arbeit ist das Recht auf das Kapital, das Recht auf den Lohn, das Recht auf die Unterstützung; es ist die ausgedehnteste Schöpfung, mit der man die einzelnen gegen die Hilfsmittel des Staates bewaffnen kann. — Ebenso verwirft er das Recht auf Existenz. Das Recht auf Unterstützung, behauptet er, muß auf die Dauer unfehlbar die Entsittlichung der einzelnen, die Schwächung und den Untergang des Staates herbeiführen. Indem man die Armut unterdrücken will, wird man die Arbeit unterdrücken. [3])

Wolowsky spricht feine Meinung dahin aus: Jeder vernünftig regierte Staat wird nach Möglichkeit den gesunden Armen Arbeit zu verschaffen suchen, denn er wird niemals das zum Unterhalt notwendige Brot verweigern. Aber die wahrhafte Aufgabe des Staates besteht darin, diese äußerste Zuflucht

---

[1]) Moniteur vom 2. und 3. November 1848.
[2]) Moniteur vom 5. Nov. 1848.
[3]) Garnier, Le droit au travail à l'assemblée nationale. Paris 1848, p. 328 ff.

des einzelnen, welche den Mangel an regelmäßiger und nutz-
bringender Beschäftigung verrät, immer seltener zu machen.
Wenn der Staat die industrielle Entwicklung dadurch fördert,
daß er der individuellen Thätigkeit einen passenden Beruf
eröffnet, wird er in Wahrheit seine Aufgabe erfüllen. [1]

Bastiat urteilt über die „bizarre These des Rechtes auf
Arbeit" folgendermaßen: Die Existenz dieses Rechtes bedingt
notwendig die Verneinung des Rechtes auf Eigentum; ohne
Eigentum giebt es keine Kapitalbildung, ohne Kapitalbildung
aber giebt es keine Arbeit für die Arbeiter. Das Recht auf
Arbeit ist also, kurz gesagt, das allgemeine bis zur völligen
Vernichtung gesteigerte Elend. [2]

In demselben Sinne hatte schon Proudhon erklärt:
Gebt mir das Recht auf Arbeit, und ich lasse euch das auf
Eigentum. Ein Recht auf Arbeit ist nur möglich durch die
Umformung des Eigentums. [3] —

Diese sozialistischen Bewegungen fanden einen Widerhall
in Deutschland.

Im März 1848 wurde, analog dem französischen Vor-
gange, in einer Petition an den König von Preußen ein
aus Arbeitern und Arbeitgebern zusammengesetztes Arbeits-
ministerium verlangt, [4] und, in Anlehnung an die Nationalwerkstätten, suchte man die beschäftigungslosen Arbeiter durch
umfangreiche Bauten von Kirchen, Kanälen, Chausseen und
öffentlichen Gebäuden zu beschäftigen. [5]

Auch die Erklärung der „Menschenrechte" wurde durch die
Aufstellung der „Grundrechte des deutschen Volkes" in den
Verhandlungen des Frankfurter Parlamentes nachgeahmt.

---

[1] Ebenda p. 357 ff.
[2] Ebenda p. 373 ff.
[3] Proudhon, Das Recht auf Arbeit, das Eigentumsrecht und
die Lösung der sozialen Frage. Uebers. Leipzig 1849, S. 2.
[4] Biedermann a. a. O. I S. 239. — Streckfuß, Erinnerungen
aus dem Jahre 1848 (Im „Zeitgeist" vom 11. August 1890).
[5] Streckfuß a. a. O. — Eberty, Geschichte des preußischen
Staates. Breslau 1873, VII S. 357 f.

Zu § 30[1]) dieser Grundrechte hatte ein Kongreß deut=
scher Handwerker= und Arbeitervereine in Berlin eine Petition
auf Schutz und Bürgschaft der Arbeit eingereicht, die unter
anderem verlangte, daß der Staat jedem, der arbeiten wolle,
eine seinen Kräften angemessene Arbeit und menschlichen Be=
dürfnissen angemessenen Lohn verbürge.[2])

Der Berichterstatter des volkswirtschaftlichen Ausschusses,
Fabrikant Degenkolb, führte aus, daß kein Staat eine solche
Bürgschaft übernehmen könne. Bedürfnisse schaffen die Arbeit,
sagte er, aber weder Bedürfnisse noch Arbeit lassen sich durch
Dekrete schaffen. . . . . . Das Prinzip des Eigentums ist
die Arbeit, aber die Triebfeder der Arbeit ist der Besitz;
wird der Besitz in Frage gestellt, so hört die Triebfeder zur
Arbeit auf, die sich weder mit Gewalt noch künstlich dauernd
in Bewegung erhalten läßt. Wollte der Staat jedem eine
seinen Kräften angemessene Arbeit und dieser entsprechenden
Lohn verbürgen, so würden die Arbeiter zur Unmündigkeit
herab= und in gänzliche Erschlaffung versinken. . . . . Jeder
Sporn zur Thätigkeit, des Vorwärtsstrebens, jede Anstren=
gung zur Ueberwindung von Schwierigkeiten würde vermieden,
der Trieb zur Selbsthilfe, Selbstsorge, die ganze Intelligenz
würde vernichtet werden, die große Masse würde sich mit
dem täglichen Brote begnügen, den Staat als Vormund be=
trachten und diesem die Sorge überlassen, es herbeizuschaffen.[3])

Simon von Trier stellte einen Zusatz=Antrag zu § 30:
„Die Vorsorge für mittellose Arbeitsunfähige ist Pflicht der
Gemeinden, beziehungsweise des Staates. Dem unfreiwillig
Arbeitslosen muß die Gemeinde, beziehentlich der Staat, Arbeit
gewähren."[4])

Ein anderer Antrag von Nauwerk lautete: „Jeder
Deutsche hat ein Recht auf Unterhalt; dem unfreiwillig

---

[1]) Das Eigentum ist unverletzlich. Eine Enteignung kann nur
aus Rücksichten des gemeinen Besten, nur auf Grund eines Gesetzes
und gegen gerechte Entschädigung vorgenommen werden. Das geistige
Eigentum soll durch die Reichsgesetzgebung geschützt werden.
[2]) Sten. Bericht über die Verhandlungen der deutschen konstitui=
renden Nationalversammlung. Frankfurt a. M. 1849, VII S. 5100.
[3]) Ebenda S. 5101.
[4]) Ebenda S. 5104.

Arbeitslosen, welchem keine verwandtschaftliche oder genossen=
schaftliche Hilfe wird, muß die Gemeinde, beziehentlich der
Staat, Unterhalt gewähren und zwar, soweit irgend möglich,
durch Anweisung von Arbeit." [1])

Rauwerk, ein Anhänger des Rechtes auf Arbeit, stellte
diesen Antrag, da er die Aussichtslosigkeit der Simon'schen
Forderung voraussah.

In der Debatte, welche sich über die Amendements zu
§ 30 entspann, hob Rauwerk hervor, daß dies nicht das
berüchtigte Recht auf Arbeit sei, sondern nur das Recht auf
den Unterhalt, oder mit anderen Worten das Recht, nicht
zu verhungern. Nicht eher, sagte er, wird Ruhe und Ord=
nung werden, als bis dem Menschen die Existenz gesichert ist.
Sie haben die Todesstrafe abgeschafft, schloß er seine Rede,
schaffen Sie nun auch die Lebensstrafe ab. [2])

Für das Recht auf Arbeit traten in längeren Reden
Schütz von Mainz [3]) und besonders Simon von Trier [4]) ein.
Wer Kraft hat und arbeiten will, rief dieser Redner aus,
von dem sage ich, er hat das Recht, nicht zu verhungern, und
wenn Sie dieses Recht von Staatswegen nicht anerkennen,
so sage ich, er hat das Recht der Revolution, entweder im
Großen, wenn er Genossen findet, oder im Kleinen, indem
er die Gesetze des Staates als Einzelner überschreitet.

Bei der Abstimmung (am 9. Februar 1849) wurden
sämmtliche Zusätze zu § 30 mit 317 gegen 114 Stimmen
verworfen. [5])

## c. Nach 1848.

Nach den Bewegungen des Jahres 1848 verstummte
nicht nur der Ruf nach dem Rechte auf Arbeit, sondern die
sozialistischen Forderungen überhaupt für einige Zeit, abge=
sehen von dem Marlo'schen Werke, das jedoch nur wenig be=

---

[1]) Ebenda S. 5104 f.
[2]) Ebenda S. 5106 f.
[3]) Ebenda S. 5127 ff.
[4]) Ebenda S. 5132 ff.
[5]) Ebenda S. 5143 ff.

kannt wurde. In Frankreich ist das Recht auf Arbeit seit=
dem überhaupt nicht mehr auf die Tagesordnung gesetzt
worden; es ging nun fast ausschließlich in deutschen Besitz
über, wenigstens was die theoretische Erörterung desselben an=
langt.

In der Praxis dagegen übte in Frankreich Napoleon III.
die Anerkennung des Rechtes auf Arbeit im weitesten Maße
aus. „Die arbeitende Klasse, sagte er einmal, hat keinen
anderen Reichtum als ihre Arme, man muß diesen Armen
nur Beschäftigung geben." [1])

Es sind bekannte Thatsachen, wie Napoleon durch das
Umbauen fast aller größeren Städte unzähligen Händen Be=
schäftigung gab — auf Kosten des Staats= und Gemeinde=
säckels, deren Schuldenlasten bis in's Unendliche stiegen. Bis
1869, berichtet Treitschke, waren bereits 1500 Millionen fr.
für die Neugestaltung der Hauptstadt allein verwendet worden.[2])
Die Folgen machten sich bald geltend. Ein Heer von
Unternehmern verlangte dauernde Beschäftigung von dem
Staate, der sie von Beruf und Heimat hinweggelockt hatte —
denn es war der Staat, der die Städte durch Befehl und
Gunst zu dem Umbau verführte. Dergestalt wurden die
öffentlichen Arbeiten des Kaiserreiches nach und nach zu
Nationalwerkstätten im Sinne der Februarrevolution; man
baute um zu bauen, und niemand wußte, was aus dieser
Schraube ohne Ende werden solle. [3]) Das schlimmste Uebel
dabei war die enorme Entvölkerung des flachen Landes,
welche so hervorgerufen wurde.

Die Wirtschaftspolitik Napoleons III. zeigt mit un=
widerleglicher Klarheit, wie verkehrt es ist, alles von der Staats=
hilfe zu erwarten, welche eben nur dann, wenn die Selbst=
hilfe nicht mehr ausreicht, gleichsam als das Supplement
derselben eintreten soll.

Auch in anderen Ländern wurde bisweilen der Ruf
nach dem Rechte auf Arbeit laut, ohne jedoch irgend welchen

---

[1]) Kontzen, Geschichte der sozialen Frage. Berlin 1871, S. 138.
[2]) Treitschke, Historische und politische Aufsätze. Leipzig 1871,
III S. 340.
[3]) Ebenda III S. 342.

Anklang zu finden; so 1871 in England zur Zeit der Krank=
heit der Königin. Es wurden damals Aufrufe erlassen,
welche das sozialistisch=republikanische Programm enthielten,
und in denen auch das Recht auf Arbeit eine Rolle spielte.
So betonte eins dieser Manifeste die „Verpflichtung des Staates,
passende Beschäftigung für alle arbeitsfähigen Bürger und
Unterhalt für die Arbeitsunfähigen zu gewähren, wobei Nie=
mand von der Arbeit des Anderen leben solle." [1]

Das Recht auf Arbeit verschwindet von nun an aus dem
Programm der Arbeiter; Produktiv=Assoziationen und noch
weitergehende Forderungen nehmen seine Stelle ein und
finden bedeutende Verfechter. Das Recht auf Arbeit geht
mehr in das Gebiet der theoretischen Erörterung über. Seine
Verteidiger gehören einer Parteifärbung an, die man etwa
mit dem Namen Halbsozialisten bezeichnen könnte; sie scheuen
sich, mit dem einen Wirtschaftssystem zu brechen und lieb=
äugeln doch mit dem anderen.

Im Jahre 1850 ließ der Kasseler Professor der Chemie
Winkelblech unter dem Pseudonym Marlo den ersten Band
seiner umfangreichen „Untersuchungen über die Organisation
der Arbeit oder System der Weltökonomie" erscheinen, dem
bald einige weitere Bände folgten.

„Der nächste Grund des Arbeitsmangels, führt er aus,
ist unstreitig die Verweigerung des Rechtes auf Arbeit; denn
wie das Nationalkapital auch beschaffen sein mag, stets läßt
sich die vorhandene Arbeitskraft damit bewaffnen, wenn auch
in so unvollkommener Weise, daß dieselben Personen weniger
produzieren, als sie, vollständig mit Kapital versehen, pro=
duzieren würden. In diesem Umstande liegt jedoch durch=
aus kein Rechtfertigungsgrund für die Verweigerung des
Rechtes auf Arbeit; denn das vermeintliche Recht auf Erwerbs=
und Uebervölkerungsfreiheit schließt, auch wenn man es an=
erkennt, die Pflicht des Staates nicht aus, die schädlichen
Folgen dieser Freiheiten auf alle Staatsangehörigen gleich=
mäßig zu verteilen." [2]

---

[1] Jäger, Der moderne Sozialismus. Berlin 1873, S. 115 f.
[2] Marlo a. a. O. IV S. 18.

Seine praktischen Vorschläge bestehen in Begünstigung
der Auswanderung und Kolonisation, Erschwerung der Ein-
wanderung und vor allem in der Verminderung der Geburten,
wofür er ein ausführliches System ausgearbeitet hat. [1]
Marlo ist sehr vertrauensselig. „Soviel glauben wir, sagt
er, mit Zuversicht behaupten zu können, daß mit der Verwirklichung unserer Vorschläge sowohl alle Armut, als die
ihr nahe stehenden Grade von Dürftigkeit gänzlich verschwinden werden; und zwar unter gleichzeitiger Vermehrung des
Einkommens der großen Mehrzahl aller Glieder der Gesellschaft. Wir glauben nicht zu übertreiben, wenn wir, unter
Voraussetzung des jetzigen Zustandes der Technik, in Ländern wie Frankreich oder Deutschland auf eine Verdoppelung
des durchschnittlichen Einkommens rechnen." [2]

Marlo's Buch besitzt trotz aller Uebertreibungen und
Verkehrtheiten doch wissenschaftlichen Wert und unbestreitbare
Originalität. Von der späteren Literatur über das Recht
auf Arbeit läßt sich dies nicht behaupten; es werden nur mit
mehr oder weniger (was der häufigere Fall ist) Gewandheit
die alten Gedanken und Wendungen rekapitulirt. Wir können
uns daher bei der Besprechung derselben etwas kürzer fassen,
um so mehr, als wir diese Schriften, soweit sie originelle
Gedanken über unseren Gegenstand bringen, in dem zweiten
Teile unserer Arbeit zu berücksichtigen haben.

Im Jahre 1856 spricht Th. Mundt seine schon zwölf
Jahre früher geäußerten Ansichten in den Worten aus: „Das
jedem Einzelwesen als solchem innewohnende Recht auf Existenz
sollte auch in der Benutzung und Verwertung, welche die
Gesellschaft seinen Arbeitskräften schuldet, zur Anerkennung
kommen." [3]

Nachdem es dann dieser viel geplagten Frage vergönnt
war, sich fünfzehn Jahre hindurch einer ungestörten Siesta
hinzugeben, ließ im Jahre 1871 Lindner eine Schrift erscheinen, aus der selbst mit Aufwendung eines ungewöhn-

---

[1] Ebenda IV S. 67—123.
[2] Ebenda IV S. 24 f.
[3] Vergl. Mundt, Die Geschichte der Gesellschaft in ihren neueren
Entwicklungen und Problemen. Leipzig 1856.

lichen Scharffinns nicht zu erfehen ift, ob er das Recht auf
Arbeit oder das auf Eriftenz verteidigen will. Diefe beiden
Rechte vermag er überhaupt nicht zu unterfcheiden, wie folgen=
der Satz aus feinem Buche beweift: „Die Berufung auf das
allgemeine Wohl hat nur dazu gedient, um das natürliche
Recht des Menfchen, nicht verhungern zu müffen b.
h. fich durch Arbeit fortzubringen, zu befeitigen.¹)
    1874 ergreift der Profeffor der Moraltheologie
Reifchl das Wort zur Verteidigung der Arbeiter. „Sie find
keine Bettler, ruft er aus, welche mit Almofen abgefertigt
werden können. Wir haben hier Taufende und Taufende
von Männern mit der Kraft und dem Willen der Arbeit;
und weil fie arbeiten, wollen und follen fie auch effen, fie
und ihre Familien; nicht Almofen verlangen fie, fondern
Lohn, nicht Erbarmen und Mitleid, fondern Recht und Ge=
rechtigkeit." Ob er jedoch wirklich für ein volles Recht auf
Arbeit eintrete, das ift der Profeffor der Moraltheologie,
deffen unklare, paftorale Ausdrucksweife die mangelhafte Be=
fchäftigung mit volkswirtfchaftlichen Fragen erkennen läßt,
zu vorfichtig kundzugeben; als wichtigftes Löfungsmittel der
fozialen Frage empfiehlt er die „chriftliche Predigt."²)
    In demfelben Jahre erfcheint das ftark feuilletoniftifch
angehauchte Werk des Journaliften Meyer, der „Emanzipa=
tionskampf des vierten Standes," worin er das Recht auf
Arbeit durch eine allgemeine Zinsreduktion und durch Groß=
produktion des Staates ermöglichen will.³)
    1879 fchlägt Samter vor, der Staat folle Großgrund=
befitzer werden, um fo den Mängeln der Privatinduftrie ent=
gegenzutreten;⁴) zu gleicher Zeit bekennt fich Barth zu dem
Rechte auf Arbeit,⁵) während der Amerikaner George die
Löfung der fozialen Frage in einer Einziehung der Grund=
rente von feiten des Staates gefunden zu haben glaubt.⁶)

---

¹) Lindner a. a. O. S. 317 f.
²) Reifchl, Arbeiterfrage und Sozialismus. München 1874, S. 206 f.
³) Meyer, a. a. O. S. 384 ff.
⁴) Samter, Das Eigentum in feiner fozialen Bedeutung. Jena
1879, S. 453 ff.
⁵) Barth, Der fozialiftifche Zukunftsftaat. Berlin 1879.
⁶) George, Fortfchritt und Armut. Ueberf. Berlin 1881, S. 230 ff.

Vom christlich=sozialen Standpunkt tritt Hitze für ein gemäßigtes Recht anf Arbeit ein. Jeder Mensch, erklärt er, hat ein Recht darauf, daß ihm Arbeit gegeben werde, um seinen Unterhalt verdienen zu können.[1]) Aber statt des Staatssozialismus will er einen „ständischen Sozialismus," eine „einheitliche Ordnung des Wirtschafts= und Gesellschafts= lebens"[2]) durch Gliederung in „nationale Berufsgenossen= schaften."[8]) Kurz, eine Wiederaufwärmung der Zünfte, eine wirtschaftlich=soziale Reaktion, gestützt auf eine religiöse Reaktion.[4])

Neben Putlitz, der sich bei seiner Besprechung der Proud- hon'schen Ideen[5]) auf den Standpunkt des Rechtes auf Arbeit stellt, zieht besonders Stöpel energisch für diese For= derung ins Feld.

Für jeden Arbeiter verlangt er eine ausreichend gelohnte Arbeit, welche sein Verantwortlichkeitsgefühl, seinen notwendigen Stolz nicht schwächt, und ihn befähigt, zu den höchsten bürger= lichen Ehren (etwa Oberlaternenputzkommissionsrat!) aufzu= steigen. Die Armensteuer sei enorm, dagegen würden die Lasten der Verwirklichung aus den Erträgnissen der Arbeit gedeckt werden.[6]) „So kann das Recht auf Arbeit für die Gesell= schaft in keiner Weise 'beunruhigend sein und dem Staate keine Lasten auferlegen."[7])

Zur selben Zeit verbreitet sich vom religiös=ethischen Standpunkt Herr Dr. Ratzinger über diese Fragen. Er verlangt die „Wiedervereinigung des Arbeiters mit den Arbeits= mitteln";[8]) an Stelle des Egoismus soll „die Solidarität, der Geist der Liebe" treten[9]); in dem „System der Teilhaberschaft

---

1) Hitze, Kapital und Arbeit und die Reorganisation der Gesell= schaft. Paderborn 1880, S. 147.
2) Ebenda S. 440.
3) Ebenda S. 448.
4) Vergl. ebenda S. 446 f.
5) Putlitz, Proudhon, sein Leben und seine positiven Ideen. Ber= lin 1881.
6) Stöpel, Die freie Gesellschaft. Chemnitz 1881, S. 282.
7) Ebenda S. 285.
8) Ratzinger, Die Volkswirtschaft in ihren sittlichen Grundlagen. Freiburg 1881, S. 201.
9) Ebenda S. 202.

ober der korporativen Genossenschaft" erblickt er das Bild
der Produktion der Zukunft.[1]) Es ist möglich, daß die Ergiebigkeit dieses auf Liebe aufgebauten Produktionssystems die
Ansprüche, welche Herr Ratzinger an dasselbe stellt, zu erfüllen
im stande wäre, denn diese Ansprüche sind sehr bescheidener
Art. „Man lehre wieder, verlangt er, die Ehre der Armut und
entflamme die Liebe zur freigewählten Armut und Bedürfnis-
losigkeit." Man erblicke im Reichtum die immanente Gefahr
für das sittliche Leben, im äußeren Genusse die höheren Güter,
das ewige Ziel zu vergessen."[2]) Kurz — Klosterphilosophie!

Schellwien sucht die Hilfe auf dem Wege freiwilliger
Assoziation, welche darauf beruhen soll, daß jeder Arbeiter den
vollen Ertrag seiner Arbeit erhalte, dieser Ertrag besteht „in
dem Mehrwert des Produkts, d. h. demjenigen Teil des Pro-
duktwertes, der sich nach Abrechnung des darin durch Konsumtion vom Kapitalwert eingegangenen Wertes und des in
Rechnung zu stellenden anteiligen Zinses ergiebt."[3]) Dieser
Mehrwert nun soll genau berechnet werden. Die Methode,
nach welcher das zu ermöglichen ist, verschweigt Herr Sch.;
„der Wert der komplizirten Arbeit wird gesetzlich auf ein be-
stimmtes Vielfaches der Arbeit festzusetzen sein."[4])

Märchen, noch so wunderbar, Dichterkünste machen's wahr!

Kurze Zeit darauf führt Stöpel seine schon früher geäußerten Ansichten weiter aus:

„Wenn Eigentum rechtmäßiger Weise allein durch Arbeit
erworben werden kann, so ist Schutz des Eigentums seiner
Natur nach mittelbarer Schutz der Arbeit, und letzterer das
Wesentliche an dem Eigentumsgedanken, Schutz des Eigentums aber ohne Schutz der Arbeit ein Widerspruch in sich
selbst. Das Recht der Arbeit, der Bethätigung, wird unbedingt als das ursprüngliche, höhere, überlegene anerkannt
werden müssen. Die positive Gesetzgebung hingegen hat das
abgeleitete Recht des Eigentums fast überall dem ursprünglichen Rechte, zu leben und durch Arbeit die Bedürfnisse des

---

[1]) Ebenda S. 204.
[2]) Ebenda S. 205.
[3]) Schellwien, Die Arbeit und ihr Recht. Berlin 1882, S. 243 f.
[4]) Ebenda S. 241 f.

Lebens zu gewinnen, vorangestellt und, anstatt das Eigentum
der Arbeit dienstbar zu machen, die Arbeit gezwungen, dem
Eigentum Vorspann zu leisten."[1] „Wer nichts besitzt außer
seiner Arbeitskraft, muß notgedrungen bei den Besitzern um
Arbeit werben, und wenn sie es nicht in ihrem Interesse finden,
ihn zu beschäftigen, so verliert er einfach das Recht zu leben,
das Recht auf Existenz."[2]

Auch bei Stöpel herrscht, wie bei fast allen Verteidigern
dieser Forderung, eine große Unklarheit über die Unterschei=
dung der Rechte auf Arbeit und auf Existenz; seine Aus=
führungen treffen in Wahrheit meist nur das letztere.

Um diese Zeit wurde das Recht auf Arbeit, welches bis
dahin nur in den Kreisen der Arbeiter und allenfalls der
Gelehrten eine Wohnstätte gefunden hatte, salon= und hoffähig.
Der Reichskanzler Fürst Bismarck verkündete am 9. Mai
1884 im deutschen Reichstage, daß er das Recht auf Arbeit
voll und ganz anerkenne.

„Ich will mich nun, sprach er gelegentlich einer Rede
über das Sozialistengesetz, dahin resumiren. Geben Sie dem
Arbeiter das Recht auf Arbeit, solange er gesund ist, geben
Sie ihm Arbeit, solange er gesund ist, sichern Sie ihm
Pflege, wenn er krank ist, sichern Sie ihm Versorgung, wenn
er alt ist — wenn Sie das thun und nicht über Staats=
sozialismus schreien, sobald jemand das Wort „Altersversor=
gung" ausspricht, wenn der Staat etwas mehr christliche
Fürsorge für den Arbeiter zeigt, dann glaube ich, daß die
Herren vom Wydener Programm ihre Lockpfeife vergebens
blasen werden, daß der Zulauf zu ihnen sich sehr vermindern
wird, sobald die Arbeiter sehen, daß es der Regierung und
den gesetzgebenden Körperschaften mit der Sorge für ihr
Wohl ernst ist."

Hierauf erwiderte der Abgeordnete Richter:

„Der Herr Reichskanzler hat heute offen das Recht
auf Arbeit proklamirt. Der Herr Abg. von Minnigerode

---

[1] Stöpel, Soziale Reform III. Das Recht auf Arbeit. Leip=
zig 1884, S. 7 f.
[2] Ebenda S. 8.

6

hat gestern von der Junischlacht der Sozialisten gesprochen, welche im Jahre 1848 in den Straßen von Paris ausgekämpft wurde. Nun, meine Herren, zu dieser Junischlacht hat gerade die Forderung der Anerkennung des Rechtes auf Arbeit Veranlassung gegeben, das ist historisch bekannt. Dieser Kampf um das Recht auf Arbeit hat die Straßen von Paris mit Blut überschwemmt und auf lange Zeit hinaus Frankreich auf das tiefste erschüttert. Während Herr von Minnigerode die Kämpfer jener Schlacht als verabscheuungswürdig hinstellt, ist es der Herr Reichskanzler, der diese Kämpfer freispricht, indem er das, wofür sie gekämpft haben, heute als sein Ziel in der Sozialpolitik hinstellt, das Recht auf Arbeit. Was heißt denn das, Recht auf Arbeit? Das heißt: jedermann, der im stande ist zu arbeiten, ist der Staat verpflichtet, auch eine lohnende Arbeit zuzuweisen. Wenn der Staat die Verpflichtung übernimmt, so muß der Staat auch in der Lage sein, große Unternehmungen zu organisiren, so muß der Staat als Unternehmer in Konkurrenz treten mit den Privaten. Das Recht auf Arbeit ist die Organisation der Produktion und des wirtschaftlichen Lebens durch den Staat. Das Recht auf Arbeit ist konsequent durchgeführt der sozialistische Staat. Dann besteht allerdings kaum ein Unterschied mehr zwischen den Anschauungen des Herrn Reichskanzlers und der Sozialisten, als daß jener die Monarchie für die Leitung des Staates erhalten will, und daß jene dem Staat die republikanische Form geben wollen. Der Herr Reichskanzler erweckt durch solche hier fast beiläufig gemachten Bemerkungen Vorstellungen und Ansprüche in den arbeitenden Klassen, die eine Tragweite haben, kaum zu übersehen."

Auf diese Ausführungen erwiderte Bismarck:

„Ja, ich erkenne ein Recht auf Arbeit unbedingt an und stehe dafür ein, solange ich auf diesem Platze sein werde. Ich befinde mich dabei nicht auf dem Boden des Sozialismus, der erst mit dem Ministerium Bismarck seinen Anfang genommen haben soll, sondern auf dem Boden des preußischen Landrechts." Fürst Bismarck verließt hierauf Buch II, Titel 19 § 1 & 2 des Pr. Landrechts;[1]) nach Verlesung des

---

[1]) Vergl. S. 20 unserer Schrift.

§ 1 ertönt links der Zwischenruf „Armenpflege!" „Nun, meine Herren, fährt Bismarck darauf fort, wo ist denn Ihr unartikulirter, höhnischer Zuruf, den Sie vorhin machten? Ist nicht das Recht auf Arbeit zur Zeit der Publikation des Landrechts offen proklamirt? Ist es nicht in unseren ganzen sittlichen Verhältnissen begründet, daß der Mann, der vor seine Mitbürger tritt und sagt: ich bin gesund, arbeitslustig und finde keine Arbeit! — berechtigt ist, zu sagen: gebt mir Arbeit! und daß der Staat verpflichtet ist, ihm Arbeit zu geben!? Der Herr Vorredner hat gesagt, der Staat würde große Unternehmungen machen müssen. Ja, das hat er schon gethan in den Zeiten der Not wie 1848, wo in Folge des Ueberschäumens der fortschrittlichen Bewegung die Arbeitslosigkeit und der Geldmangel groß waren. Wer erinnert sich nicht noch der Rebberger mit ihrer roten Hahnenfeder und ihren langen Stiefeln? Da hat der Staat es für seine Pflicht gehalten, diesen Leuten — es waren zum großen Teil Bummler, aber auch ehrliche Leute darunter, die in der That nicht wußten, wovon sie leben sollten — Arbeit zu verschaffen. Wenn ähnliche Umstände eintreten, so glaube ich, ist der Staat auch heute noch verpflichtet, und der Staat hat so weitreichende Aufgaben, daß er dieser seiner Verpflichtung, arbeitslosen Bürgern, die Arbeit nicht finden können, solche zu verschaffen, wohl nachkommen kann. Er läßt Aufgaben ausführen, die sonst aus finanziellen Bedenklichkeiten vielleicht nicht ausgeführt werden würden; ich will sagen, große Kanalbauten, oder was dem analog ist. Es giebt ja eine Menge außerordentlich nützlicher Einrichtungen anderer Art."

Im Laufe der Sitzung kommt Bismarck noch einmal auf diesen Punkt zurück. „Das Recht auf Arbeit erwähnte ich schon, dazu bekenne ich mich ganz ehrlich auch selbst in einer erweiterten Auslegung der Bestimmungen, unter denen wir Preußen seit längerer Zeit gelebt haben, und die die Fürsorge unserer Könige für die arbeitende Klasse auch schon aus dem vorigen Jahrhundert dokumentiren, ein Interesse, welches unser jetzt in Preußen regierender Herr geerbt hat, und nicht nur er, sondern auch sein Nachfolger jederzeit behalten wird. Friedrich der Große sagte: Je veux être roi des gueux.

Es ist in seinem scherzhaften französischen Sarkasmus der Ausdruck für denselben Gedanken, den der jetzige Herr damit ausspricht, daß er sich als den Schützer der wirtschaftlich Schwachen betrachtet und für sie zu sorgen entschlossen ist."[1]

In der Sitzung vom 10. Mai erklärte darauf der sozialistische Abg. Geiser, seine Fraktion werde einen Antrag einbringen, welcher dahin geht, das Haus wolle beschließen, den Herrn Reichskanzler aufzufordern, er möge dem Reichstag unverzüglich einen Gesetzentwurf vorlegen, durch welchen das in der Reichstagssitzung vom 9. Mai von ihm proklamirte Recht auf Arbeit zur Verwirklichung gelange.

Hierauf bemerkte Windhorst: „Ich kann die gestrigen Aeußerungen des Herrn Reichskanzlers ja nicht vollständig übersehen. Ich weiß nicht, wie sich der verehrte Herr die Dinge gedacht hat; aber ich mache doch den Herrn Vorredner darauf aufmerksam, daß der Herr Reichskanzler seine Anschauungen aus dem preußischen Landrecht schöpfte, und daß wohl nur in dem Sinne, wie dort die Sache aufgefaßt wird, der Herr Reichskanzler ein Recht auf Arbeit angenommen hat. Das ist aber ein ganz anderes Recht, als es der Herr Vorredner sich denkt; das ist ein Recht auf Unterstützung (Zuruf links: Arbeitshaus!) — auf Arbeitshaus, wie der Herr Abg. Richter es gesagt hat; aber nicht ein Anrecht auf Arbeit, wie es z. B. Louis Blanc in Bewegung gesetzt hatte, auf welches er seine Arbeiterwerkstätten begründete, die sehr bald nach der Revolution ein klägliches Ende fanden. Ein solches Recht, wie es der Herr Louis Blanc entwickelt hat, existirt nicht."[2]

In der Sitzung vom 12. Mai kommt der Abg. Bamberger noch einmal auf diesen Gegenstand zurück.

„Wenn man von dem Rechte auf Arbeit spricht, erklärt er, dann meint man die Organisation der Gesellschaft auf sozialistischen Prinzipien, und wenn ein Mann wie der Herr Reichskanzler ein solches Wort ausspricht, dann soll man an diesem Wort, das beinahe auch ein königliches Wort ist, ebenfalls nicht deuteln und rütteln wollen, dann soll man lieber sagen: es ist angesichts der Verantwortung gegenüber der

---

[1] Sten. Bericht über die Verh. des Reichstages vom 9. Mai 1884.
[2] St. Ber. vom 10. Mai 1884.

bürgerlichen Gesellschaft ein höchst bedenkliches Ding, ein solches Wort auszusprechen."[1]

Diese gleichsam offizielle Anerkennung des Rechtes auf Arbeit rief eine Menge Schriften über dasselbe hervor, von denen es den meisten nicht zu ihrem Schaden gereicht hätte, wenn sie nicht geschrieben worden wären.

Noch in demselben Jahre verbreitet sich Prof. Hoppe in sehr gewundenen Ausdrücken über diese Frage.[2] Er brückt sich etwas ängstlich an dem klaren Aussprechen des Rechtes auf Arbeit vorbei und will den Staat zu einer Familien= gemeinschaft machen, ohne jedoch dem neugierigen Leser zu ver= raten, wie die Konstituirung dieser Staatsfamilie vor sich gehen soll.

Hahn[3] befindet sich in völliger Unkenntnis barüber, was besagtes Recht überhaupt bedeutet[4], und nicht viel besser er= geht es Dr. Ofner, der sich in einem kürzeren Vortrage mit einigen allgemeinen Redensarten um diese Frage herumwindet.[5]

Dr. Wiebe macht den Vorschlag, die gesamte Produktion, die Menschen und, was sich noch zu diesem Zwecke eignet oder nicht eignet, zu verstaatlichen,[6] während Prof. Witte die Er= möglichung des Rechtes auf Arbeit auf dem Wege einer Ma= schinensteuer sucht.[7]

Im folgenden Jahre wendet sich Neurath in längeren Ergüssen gegen das Ausbeutungssystem der freien Konkurrenz, ohne zu positiven Resultaten zu gelangen.[8]

Drei Jahre hindurch herrscht dann eine wohlthätige Brache auf diesem viel beackerten Felde, bis das Jahr 1889 eine neue

---

[1] St. Ber. vom 12. Mai 1884.
[2] Hoppe, Das Recht auf Arbeit und die leitende Genossenschaft. Berlin 1884.
[3] Hahn, Das Recht auf Arbeit. Stuttgart 1885.
[4] Vergl. ebenda S. 1 f.
[5] Ofner a. a. O.
[6] Wiebe, Ueber das Recht auf Arbeit und unsere gesellschaftlichen Verhältnisse im Allgemeinen. Berlin 1885.
[7] Witte, Das Recht auf Arbeit und seine Verwirklichung. Minden 1885.
[8] Neurath, Das Recht auf Arbeit und das Sittliche in der Volks= wirtschaft. Wien 1886.

Frucht zur Reife brachte, das oft von uns erwähnte „Recht auf Arbeit" von Haun. Sein Versuch einer geschichtlichen Darstellung dieser Frage strotzt von Irrtümern und Unklarheiten, Verwechslungen und Entstellungen; seine „Begründung" dieses Rechtes ist eine nicht übermäßig geschickte Kompilation längst vermoderter Anschauungen.

Von dieser ganzen neueren Literatur über das Recht auf Arbeit kann selbst der wohlwollendste Kritiker nichts anderes sagen, als:

> In bunten Bildern wenig Klarheit,
> Viel Irrtum und ein Fünkchen Wahrheit!

---

Nachdem wir so die geschichtliche Entwicklung des Rechtes auf Arbeit kennen gelernt haben, werden wir in folgendem diese Forderung einer kritischen Untersuchung unterziehen.

# Kritische Untersuchung
## des Rechtes auf Arbeit.

### a. Billigkeit eines Rechtes auf Arbeit.

Das Recht auf Arbeit wird als eine Ergänzung der heu=
tigen, angeblich unvollkommenen Rechtsordnung verlangt. Wenn
wir das Recht, um die am meisten anerkannte Definition
zu gebrauchen, als „die Sicherung der Lebensbedingungen der
Gesellschaft" ansehen, [1] so handelt es sich darum, ob dieses
Bestehen der Gesellschaft die Anerkennung des Rechtes auf
Arbeit erfordert. Nun muß zugegeben werden, daß ein stetig
wachsendes hungerndes Proletariat den Bestand der Gesellschaft
zu gefährden vermag, deshalb ergiebt diese Definition eine An=
erkennung des Rechtes auf Existenz, keineswegs aber ein Recht
auf Arbeit, denn beschäftigungslose Arbeiter sind, solange
ihnen nur die Existenz gesichert war, noch niemals dem Be=
stehen des Staates gefährlich geworden. Die heutige Rechts=
ordnung bietet also einem Rechte auf Arbeit keinen Raum.

In folgendem werden wir nun die verschiedenen Begrün=
dungen zu prüfen haben, mit denen man ein Recht auf Arbeit
zu verteidigen gesucht hat.

Victor Considérant sucht dasselbe auf folgende Weise zu
rechtfertigen:

---

[1] Jhering, Zweck im Recht. Leipzig 1877—83, I S. 484.

„Alle Menschen haben gleiche Ansprüche auf die Benutzung
des Bodens. Durch die Einführung des Eigentums kam jedoch
der Boden aller civilisirten Länder in die Hände eines Teils
seiner Bewohner, und täglich werden auf demselben Menschen
geboren, welche von der Benutzung dieses gemeinsamen Gutes
gänzlich ausgeschlossen sind. Ursprünglich war der Boden nicht
angeeignet; jedermann hatte das Recht der Jagd, des Fisch-
fangs, der Weide und des Einsammelns von Früchten. Ein
solcher Zustand entspricht jedoch keineswegs unserer Bestimmung.
Wir bedürfen vielmehr des Eigentums, welches jedoch nur dann
gerecht ist, wenn es sich auf die Produkte unserer Arbeit beschränkt. Unsere Arbeitsprodukte sind teils bewegliche, teils
unbewegliche Güter, wovon die ersteren sowohl Genußmittel
als Werkmittel, die letzteren die den Wert der Grundstücke er-
höhenden Bauten und Meliorationen umfassen. Beiderlei Arbeitsprodukte bilden das geschaffene, die ihm zu Grunde liegenden
natürlichen Güter hingegen das natürliche Kapital. Das
erstere gehört demjenigen, der es hervorgebracht; das letztere
gehört allen Menschen und kann ihnen nur gegen Einräumung
eines gleichwertigen Rechtes entzogen werden. Erfahrungs-
mäßig giebt es nur ein einziges solches Recht, nämlich das
auf Arbeit, und zwar gegen einen Lohn, wofür sich der Arbeitende einen mindestens ebenso vollständigen Unterhalt verschaffen kann, als ihn der Wilde auf dem nicht angeeigneten
Boden findet. Dieses Recht muß jede bürgerliche Gesellschaft,
in welcher der Boden angeeignet ist, allen ihren Mitgliedern
einräumen; denn ohne dasselbe ist das Institut des Eigentums
ungerecht, weil es einen Teil der Menschen seines ursprünglichen Rechtes auf Benutzung des Bodens beraubt, und der
beraubte Teil ist in keiner Weise verpflichtet, dasselbe anzuerkennen. Die gleiche Verteilung des Bodens unter alle Staatsangehörigen kann das Recht auf Arbeit nicht ersetzen, weil sie
die gemeinschaftliche Benutzung des Bodens ausschließt." [1])

Die Mängel in dieser Schlußfolgerung sind leicht aufzudecken. Es ist einmal unmöglich, die Verbesserungen des

---

[1]) Vergl. Considérant, Théorie du droit de propriété et du droit
au travail. Paris 1839. Garnier a. a. O. p. 368 f. und Thornton a. a. O.
S. 99 ff.

Bodens von demselben zu trennen; dann aber würden aller
Voraussicht nach diese Verbesserungen niemals gemacht worden
sein, wenn der Boden nicht den einzelnen als Eigentum zu-
erkannt worden wäre. Durch diese Verbesserungen ist der
Bearbeiter des Bodens mit Recht Eigentümer desselben geworden;
es kann also von ihm keine Entschädigung in Gestalt der
Bewilligung eines Rechtes auf Arbeit verlangt werden. Dennoch
kann nicht geleugnet werden, daß diejenigen, welche ihren Unterhalt nicht finden können, nicht ganz mit Unrecht die Verteilung
des Grund und Bodens als Ursache dieses Mangels anklagen,
sodaß aus den Ausführungen Considérant's wohl ein Recht
auf Existenz, wenn auch keins auf Arbeit, abzuleiten ist. Ob
übrigens die Arbeiter geneigt wären, ihre civilisirte Existenz
mit jener Lebensweise zu vertauschen, die der Wilde auf dem
nicht angeeigneten Boden findet, erscheint mindestens zweifelhaft.

Eine andere Begründung versucht Mundt zu geben.

„Wenn jeder Mensch die eigentliche und höchste Bestimmung seines Daseins durch die Arbeit zu erfüllen hat, so muß
die Arbeit auch dergestalt für alle eingerichtet werden können,
daß jeder Mensch dadurch der wahrhaften Bestimmung seines
Daseins teilhaftig werden und sie genießen kann, und dies ist
die Organisation der Arbeit, welche zu finden die größte Aufgabe aller sozialen Philosophie sein muß." [1]

Wäre es in der That möglich, jedem Menschen eine Arbeit
zu garantiren, welche ihn in stand setzt, die Bestimmung
seines Daseins zu erfüllen, so würde in der That ein Recht
auf Arbeit vieles für sich haben. Dies ist aber unmöglich.
Die Gesellschaft ist nicht im stande, dem Dichter die Bestellung
auf ein Epos, dem Gelehrten auf eine wissenschaftliche Arbeit
zu überweisen. Der Dichter, der Gelehrte, der Musiker, kurz
alle Individuen könnten nur mit der gleichen einfachsten Tagelöhnerarbeit versorgt werden. Da nun solche Arbeit sicherlich
nicht geeignet ist, jedem Menschen „die Erfüllung der eigent-
lichsten und höchsten Bestimmung seines Daseins" zu ermöglichen, so zerfällt damit die ganze Schlußfolgerung in sich.

---

[1] Mundt a. a. O. S. 231.

Angenommen aber, die Gesellschaft könnte das Unmögliche möglich machen und jeden Menschen mit einer seinen Neigungen entsprechenden Arbeit versorgen, so würde jedenfalls der moralische Wert dieser Arbeit sehr darunter leiden. Ein Mensch, der täglich sein Quantum Arbeit von einer vorsorglichen Regierung vorgesetzt erhält, wird niemals einen Begriff von der Würde jener Arbeit bekommen, für die er mit Einsetzung aller Kräfte seinen Platz in dem Kampfe der Interessen errungen hat. „Nur der verdient die Freiheit und das Leben, der täglich sie erobern muß."

Eine weitere Begründung finden wir bei Stöpel.

„Jeder hat das Recht, Eigentum zu erwerben. Wodurch kann man nun rechtmäßiger Weise allein Eigentum erwerben? Durch Arbeit! Daher ist ein Schutz des Eigentums ohne Schutz der Arbeit ein bloßer Torso, ein Bauwerk, dem die Vollendung fehlt. Bei stockender Produktion ist der Arbeiter aber seiner einzigen Erwerbsquelle beraubt, und seine Produktionskraft dem Verderben, er selbst dem Hungertode preisgegeben. Daher fordert die Gerechtigkeit, daß dem Arbeiter seine einzige Erwerbsquelle garantirt werde, und zwar nicht aus Gnade und Erbarmen, sondern als ein allezeit gültiges, unverbrüchliches Recht."[1]

Der logische Fehler in dieser Schlußfolgerung liegt auf der Hand. Aus dem Recht, Eigentum zu erwerben, kann, um auf diesen kaum ernsthaft zu nehmenden Beweis einzugehen, nur das Recht zu arbeiten, d. h. die Gewerbefreiheit, abgeleitet werden; der kühne Sprung auf das Recht auf Arbeit ist ebenso willkürlich wie unberechtigt. Die zweite Hälfte der Beweisführung hat mit dem Rechte auf Arbeit ebenso wenig zu thun, sie spricht nur für ein Recht auf Existenz. Wenn daher Stöpel das Resultat seiner Betrachtungen in die Worte zusammenfaßt, „das Recht auf Arbeit beruht auf der Erkenntnis und dem Zugeständnis, daß der gesellschaftliche Schutz des Eigentums den Schutz der Arbeitskraft in sich einschließen muß,"[2] so muß dieser Satz als ebenso unzusammenhängend wie unlogisch bezeichnet werden.

---

[1] Stöpel, Fr. Ges. S. 254 ff.
[2] Ebenda S. 280.

Verschiedene Beweisversuche, die zum Teil kaum ernsthaft zu nehmen sind, finden wir in dem neuesten Machwerk über das Recht auf Arbeit.

Der erste lautet folgendermaßen:

„Die Wissenschaft gesteht dem arbeitenden Menschen den Arbeitslohn in der Theorie allgemein zu. Doch ohne Arbeit kein Arbeitslohn; darum hat der arbeitslustige, arbeitskräftige und arbeitsbedürftige, auf die Arbeit als seine einzige Unter= haltsquelle angewiesene Mensch ein Recht auf Arbeit — das Recht auf Arbeit." [1]

Die kindliche Unvernunft dieses Satzes liegt so klar zu Tage, daß es überflüssig ist, ein Wort darüber zu verlieren.

Ein zweiter Beweis hat folgenden Gedankengang:

„Der Mensch muß arbeiten, zur Arbeit des Menschen gehört aber Willensfreiheit und Willenseinheit, d. h. der Mensch hat gegenüber der wirtschaftlich zu unterwerfenden Außenwelt den Fortschrittstrieb freiheitlichen und den Ordnungstrieb ein= heitlichen Schaffens. Der Freiheitstrieb, der darin besteht, die Außenwelt sich immer weiter zu unterwerfen, wird aber gesichert durch den Ordnungstrieb der Einheit, d. h. wenn der Mensch ohne Ordnung des Planes, ohne Berechnung, ohne Einsicht und Vorsicht, ohne Fürsorge für dauernde Befriedigung wirt= schaftlich sich bethätigte, wenn der Ordnungstrieb nicht den Schatzmeister spielte, dann wären seine Erfolge gering, ohne Nachhaltigkeit." Bis hierher wird niemand etwas gegen die Beweisführung einzuwenden haben; es sind Sätze, die schon vor Jahrhunderten für richtig galten. Jetzt aber kommt das Taschenspielerkunststück. „Der Ordnungstrieb, in der Gegen= wart zu sehr in den Hintergrund gedrängt, sucht nach einer neuen Erscheinungs= und Geltungsform in dem — Recht auf Arbeit." [2] Da nun der Verfasser selber unter Ordnungstrieb „Ordnung des Planes, Berechnung, Einsicht und Vorsicht, Fürsorge für dauernde Befriedigung" verstanden haben will, und es ferner klar ist, daß gerade diese Eigenschaften bei einer staatlichen Garantie der Beschäftigung notwendig schwächer

---

[1] Haun a. a. O. S. 3.
[2] Ebenda S. 56 ff.

werden oder gar verschwinden müssen, da sie dann eben über=
flüssig werden, so liegt die Falschheit der Schlußfolgerung auf
der Hand.

An anderer Stelle sagt er: „Es ist Sorge zu tragen,
daß die eigene Spannkraft des Einzelnen nicht gelähmt oder
gebrochen werde, daß vielmehr überall Nötigung zu eigener
Umsicht und Vorsicht bestehe, daß Selbstbestimmung und Selbst=
hilfe, wenn nicht das einzige, so doch das oberste Prinzip
bleibe." Jeder wird nach diesen Worten glauben, der Verfasser
sei jetzt prinzipieller Gegner des Rechtes auf Arbeit geworden;
doch keineswegs, es kommt der schon vorher konstatirte ver=
wegene Schlußsprung. „Die Beihilfe, welche oft bei den
natürlichen und sittlichen Schwächen der Menschen geboten ist,
soll vor allem eine Anregung zur Selbsthilfe werden."[1]) Die
Falschheit des Schlusses von der Beihilfe auf die Selbsthilfe
ist zu offenbar, als daß man sie hervorzuheben brauchte.

Haun macht dann noch einen letzten Versuch, das Recht
auf Arbeit zu begründen.

Satz I. „Jedem das Seine."

Satz II. „Was aber jeder als das Seine, als das ihm zu=
kommende beanspruchen kann, ist nicht blos das, was er selbst
schafft, sondern auch dasjenige, was er von anderen einzelnen
oder durch die Gemeinschaft als Bedingungen seines Lebens
und seiner Entwickelung erhalten muß. Das, was jedem zu=
kommt, begreift daher auch das, was bei einem jeden als Er=
gänzung seines Wesens, seiner Anlagen, seiner Thätigkeit hin=
zukommen muß, also das ihm mangelnde, was durch die
Thätigkeit oder die Mitwirkung anderer oder der Gesamtheit
zu beschaffen ist." Das bisher Gesagte hat Haun aus der
Rechtsphilosophie von Ahrens entlehnt.[2]) Ahrens versteht unter
jener Ergänzung der Anlagen und der Thätigkeit des Indi=
viduums, welche diesem die Gesamtheit schuldet, Erziehung
und Bildung; Haun aber fährt folgendermaßen fort:

Satz III. „Dem zur Arbeit geschaffenen, auf die Arbeit
allein angewiesenen, der Arbeit würdigen und der Arbeit be=
dürftigen Subjekt kommt also Arbeit zu durch Schaffung von

---

[1]) Ebenda S. 62 f.
[2]) Vergl. Ahrens a. a. O. S. 259 f.

Arbeitsgelegenheit irgend welcher Art — es hat ein Recht auf Arbeit."[1]

Wie ein denkender Mensch „die Arbeit" als „Ergänzung der Thätigkeit" des Menschen hinstellen kann, erscheint gerade= zu unbegreiflich. Haun hat aber offenbar den Sinn der Ausführungen jenes Rechtsphilosophen garnicht verstanden. Die Ansicht desselben über den fraglichen Punkt ist in folgenden Sätzen klar ausgedrückt:

„Der höchste und letzte Zweck des Staates besteht in der Vollendung der Einzelpersönlichkeit und des gemeinschaftlichen Lebens. Aber diese Vollendung soll von den Staatsgenossen erstrebt werden, insofern sie Menschen sind und in menschlich= sittlicher Freiheit. Der Staat soll diese Entwicklung nur ermög= lichen, aber die Verwirklichung dieses Zweckes der Freiheit der Wahl, dem Gewissen eines Jeden überlassen. Er beschafft z. B. die Bedingungen, damit Handel und Gewerbe in der Ge= sellschaft sich entwickeln und blühen können, aber er überläßt es den einzelnen, wie sie die allgemeinen Bedingungen und Förderungsmittel für irgend einen Arbeitszweig benutzen wollen."[2]

An anderer Stelle verwirft Ahrens ausdrücklich die Forderung des Rechtes auf Arbeit,[3] denn gerade dieser Schriftsteller ist der Ansicht, daß die Bestimmung des Menschen allein in der Vollendung der freien Persönlichkeit zu suchen sei.[4]

Wir haben also ersehen, daß sich nach der heutigen Rechts= anschauung auch nicht der geringste Grund für die Gewährung eines Rechtes auf Arbeit beibringen läßt; aber, dies darf nicht übersehen werden, es giebt kein objektives, allezeit giltiges Recht, sondern nur ein subjektives Recht der Gegenwart. In diesem Sinne spricht Jhering von der gesellschaftlichen Bestimmung des Rechtes und betont, daß dasselbe nach Maßgabe der gesellschaftlichen Zweckmäßigkeit zu gestalten sei, und daß Recht und Zweckmäßigkeit, richtig verstanden, identisch seien.[5]

---

[1] Haun a. a. O. S. 74 f.
[2] Ahrens a. a. O. S. 33.
[3] Vergl. ebenda S. 413 f.
[4] Ebenda S. 192.
[5] Jhering a. a. O. S. 517.

Wir werden deshalb die vorliegende Frage zunächst vom Standpunkt der Zweckmäßigkeit aus zu prüfen haben und dann die Möglichkeit der Durchführung des fraglichen Rechtes in Betracht ziehen müssen. Denn „wenn auch die Wissenschaft dankbar ist für jede sichere Wahrheit, wie diese auch gewonnen sein mag — sich erwähren, standhalten vor der erfahrungsmäßigen Wirklichkeit muß jedes durch Abstraktion und Deduktion gewonnene Urteil über Sein oder Nichtsein von Thatsachen. Im anderen Falle muß auch der schärffte Denker sein wichtigstes Prinzip die Segel streichen lassen und nur der Aufklärung seiner Irrung nachsinnen."[1])

### b. Zweckmäßigkeit eines Rechtes auf Arbeit.

Die Gewährung eines Rechtes auf Arbeit und zwar auf angemessen bezahlte, wie es die Sozialisten fordern, erscheint unzweckmäßig und gefährlich, weil ein solches Recht in allen Fällen einen sicheren Rückhalt für die Arbeiter böte. Die Menge der Strikes würde kein Ende mehr nehmen, der Trotz gegen die Arbeitgeber sich bis aufs äußerste steigern; vor allem aber würde dieser Rückhalt zu fortwährenden Bemühungen, die Löhne über die naturgemäße Grenze hinaus zu schrauben, benützt werden, denn jetzt könnte der so versorgte Arbeiter einen Strike ja weit länger aushalten, als der Kapitalist.

Viel wesentlicher aber als diese äußere Wirkung einer Gewährung des fraglichen Rechtes wäre seine Einwirkung auf den Charakter der arbeitenden Klasse.

Ein Recht auf Arbeit würde jegliches Verantwortlichkeitsgefühl der Arbeiter völlig vernichten und die freie Entwicklung ihrer Fähigkeiten, ihrer Anlagen hindern. Zuviel Erziehung, zuviel Bevormundung tötet nicht allein die Charakteranlagen der Kinder, sondern noch weit mehr die der Völker, welche eben der Selbständigkeit bedürfen. „Wohl ist es richtig, sagt in diesem Sinne Lindwurm, daß der Mensch an die Natur gebunden

---

[1]) Knies, Kredit. Berlin 1879, II S. 43.

ist, daß diese ihm die Grenzen steckt für das Ziel seiner Wirk=
samkeit und seines Handelns. Innerhalb dieser Grenzen aber
ist der Mensch seines Glückes Schmied und seines Handelns
Herr, und es ist ihm von den Wirtschaftslehrern ebenso sehr
die freie Individualität zuzuerkennen, wie von den Rechts=
lehrern die Verantwortlichkeit für seine Urheberschaft aufzu=
bürden." [1])

Aber dieser Gedanke, daß eine höhere Macht das, was
wir durch eigene Anstrengung erringen sollen, uns jederzeit
auf Wunsch darzubieten verpflichtet ist, würde nicht nur jegliche
Thatkraft und Energie brechen, er würde vor allem die Mensch=
heit konsequent und mit Sicherheit zur Sorglosigkeit, zum Leicht=
sinn erziehen. „Durch Schwächung, Lähmung oder Hemmung
der Selbstthätigkeit in allen Teilen der Gesellschaft, besonders
aber in den unteren Schichten derselben, welche doch immer die
Masse bilden, aus denen der ganze Organismus und dessen
höhere Schichten ihre Lebenskraft schöpfen, werden, so führt
Lilienfeld aus, diesen sowie der Gesamtheit so zu sagen die
Lebensadern abgeschnitten." [2])

Diese schlimmen Folgen sind garnicht zu verkennen, wenn
wir bedenken, wie sich diese durch ein Recht auf Arbeit her=
vorgerufene Sorglosigkeit, dieser Leichtsinn geltend machen müssen.
Jegliche Voraussicht, die Sorge für das eigene spätere Wohl=
ergehen, für die Existenz von Weib und Kindern fällt fort,
da sie alsdann überflüssig wird. Infolgedessen muß aller
Sparsamkeitstrieb der unteren Volksklassen erlöschen; und
niemand, der den ungeheuren Einfluß des Sparsamkeitstriebes
nicht allein auf das Wohlergehen, sondern vor allem auf den
Charakter, auf die Ausbildung der Energie, des Thätigkeits=
triebes der Arbeiterbevölkerung kennt, wird leugnen, daß das
Wegfallen dieses Triebes gleichbedeutend wäre mit der Ver=
nichtung alles sittlichen Wollens und Strebens, d. h. mit einer

---

[1]) Lindwurm, Das Eigentumsrecht und die Menschheits=Idee im
Staate. Leipzig 1878, S. 365.

[2]) Vergl. Lilienfeld, Gedanken über die Sozialwissenschaft der
Zukunft. Mietau 1873—81, IV S. 202 ff.

völligen Demoralifirung biefer Klaffen. [1]) Jeber Grund zu
angeſtrengterer Thätigkeit, zu erhöhtem Fleiße fiele bei ben
meiften Arbeitern fort, benn weit ſtärker als bie Hoffnung,
burch Fleiß feine Lage zu verbeffern, wirkt bie Furcht, fie burch
Unfleiß zu verſchlechtern; biefe ſo wohlthätige Furcht aber würde
mit ber Gewährung eines Rechtes auf Arbeit verſchwinden müffen.

Wer bie Konkurrenz wegen ber Uebel, bie fie mit fich
bringt, befeitigen will, befeitigt eben mit biefen Uebeln allen
Wetteifer, jegliches Vorwärtsſtreben, ber bringt bie Freiheit
ber inbivibuellen Selbſtthätigkeit bem unerträglichſten Despo-
tismus zum Opfer.

Wir feben alſo, baß kein einziger Grund für bie Gewährung eines ſolchen Rechtes zu erbringen iſt, baß bagegen
viele hochwichtige Gründe gebieteriſch bie Verwerfung beſſelben
erheiſchen. Das Höchſte, was ein Menſch von ber Gefellſchaft
verlangen kann, iſt eben bie Gewährung eines Exiſtenzminimums
im äußerſten Notfalle, um ihn vor bem größten Mangel, vor
bem Hungertobe zu ſchützen.

Wir haben bis jetzt zu beweifen verfucht, baß bie Forberung bes Rechtes auf Arbeit eine ebenfo unbillige wie un-
zweckmäßige iſt, ohne uns barum zu kümmern, ob ein ſolches
Recht überhaupt praktiſch zu verwirklichen wäre. Wir werben
biefe Frage, bie ber Durchführbarkeit jenes Rechtes, im nächſten
Abſchnitt zu erörtern haben.

#### c. Durchführbarkeit eines Rechtes auf Arbeit.

Der Glaube an bie Möglichkeit eines Rechtes auf Arbeit
hängt eng zufammen mit ber Voraussetzung einer unbeſchränkten
Vermehrbarkeit ber Sachgüter. Ein ſolcher Wahn konnte nur

---

[1]) Als L. Blanc in einer Sitzung bes Arbeiterkongreffes im Luxembourg (am 20. März 1848) ben Plan feiner Organifation ber Arbeit
auseinanderfetzte, wanbte ber Abgeorbnete Wolowsky ein: „Ich fürchte,
baß Ihr Syſtem bie Freiheit zerſtört, wie ich fie verſtehe, b. h. bie
Entwicklung jeber inbivibuellen Thätigkeit, unb baß es, ich wieberhole
bies, burch Schwächung biefer mächtigen Schwungkraft bie Maffe ber
Probuktion verminbere.“
Stein, Die fozialiſtiſchen unb kommuniſtiſchen Bewegungen feit
ber 3. franzöſiſchen Revolution. Leipzig 1848, S. 52.

entstehen, wenn man die Arbeit als den einzigen Faktor der Gütererzeugung betrachtete und die Beschränktheit des Bodens einfach übersah, oder demselben eine durch stetig fortschreitende Verbesserungen sich stetig mehrende Produktionskraft zudiktirte. [1] Es genügt eben nicht, daß jeder Mund zugleich zwei Arme zu dessen Befriedigung mit auf die Welt bringt, diese Arme sind machtlos, wenn der beschränkte Boden ihnen keinen Spielraum mehr bietet.

Einen solchen schwerwiegenden Irrtum enthielt die berühmte Verordnung Napoleons I., der seinem Minister befahl, binnen einem Monat das Elend in Frankreich auszurotten; [2] es war dies ebenso unausführbar, wie das bekannte Dekret Joseph's I., das Defizit solle aufhören! [3]

Derartige Anschauungen sind „um nichts weniger anmaßend und ungereimt als der Befehl, es sollte künftig jeder Halm zwei Aehren statt einer tragen." [4]

Keine noch so gesteigerte Produktion kann auf die Dauer mit einer stetig wachsenden Konsumtion Schritt halten. Die beschränkte Menge des Bodens und dessen beschränkte Produktivität sind die thatsächlichen Grenzen der Produktion. „Die Annahme, daß für die Gegenwart jede Beschränkung der Produktion oder Bevölkerung, welche aus dem Mangel an Boden herrührt, in einer unbestimmten Entfernung liege, und daß noch Menschenalter verfließen würden, bevor eine praktische Notwendigkeit sich ergeben dürfte, das beschränkende Prinzip in ernstliche Erwägung zu ziehen, ist nach Stuart Mill nicht nur ein Irrtum, sondern der ernstlichste Irrtum, der auf dem ganzen Felde der Volkswirtschaft zu finden ist." [5]

„Folgenschwere Irrschlüsse, führt Knies aus, sind unausbleiblich, wenn man garnicht oder ungenügend beachtet, daß jedenfalls das territoriale Besitztum eines Volkes alle seine

---

[1] Eine bes. von Carey und Bastiat vertretene Anschauung.
[2] Vergl. S. 47 unserer Schrift.
[3] Ein Analogon hierzu ist der Vorschlag eines intelligenten Stadtverordneten von H., neben der alten Brücke, die 5000 Mk. Oktroi einbrachte, noch eine zweite zu bauen, um so den Ertrag zu verdoppeln.
[4] Malthus, Ueber die Bedingungen und Folgen der Volksvermehrung. Ueberf. Altona 1807, II S. 74.
[5] Stuart Mill a. a. O. V S. 183.

7

Naturgaben wie nach der qualitativen Seite hin differenziert,
so insbesondere auch quantitativ begrenzt, nur in beschränktem
Umfange, darbietet. Daher ist die Gesamtheit jener bezüglich
der individuellen Territorien unweigerlich anzuerkennenden That=
sachen ganz besonders geeignet, über die vollständige Unmög=
lichkeit einer Erfüllung von Verheißungen aufzuklären, wie sie
von vielen sozialistischen Schriftstellern ausgesprochen worden
sind. Wenn trotzdem der Glaube sich verbreiten soll, daß in
einer zukünftigen Zeit der gleiche Genuß wirtschaftlicher Güter
für „alle" Menschen ermöglicht werden könne, so ist man eben
genötigt, von ganz unmöglichen Erwartungen entweder bezüglich
der Natur oder bezüglich der Arbeit auszugehen." [1])

„Wir Menschen können uns als leibliche Geschöpfe über
die Begrenztheit der Sachgüterwelt nicht hinausheben, und es
ist ein verhängnisvoller Wahn, daß menschliche Arbeit der ein=
zige Faktor der Güterproduktion sei, diese letztere also auch
immerfort mindestens in dem gleichen Maße wachsen könne,
in welchem mehr Menschen ins Leben gerufen werden." [2])

Man darf eben nicht das Gesetz von der im Vergleich zur
verwendeten Arbeit sich stetig mindernden Produktion über=
sehen, welches Stuart Mill in folgende Worte kleidet: „Nach
einer gewissen und nicht sehr weit vorgerückten Stufe in der
Ausbildung der Landwirtschaft, sobald die Menschen sich mit
einigem Eifer auf den Landbau legen und irgend erträgliche
Werkzeuge dazu in Anwendung bringen, von der Zeit an ist
das Gesetz der Bodenproduktion, daß bei einem gegebenen Zu=
stande der landwirtschaftlichen Geschicklichkeit und Kenntnis durch
Vermehrung der Arbeit der Ertrag nicht in gleichem Grade
zunimmt; Verdoppelung der Arbeit verdoppelt nicht den Ertrag
— oder um dasselbe mit anderen Worten auszudrücken, jede
Vermehrung des Ertrages wird durch eine mehr als propor=
tionelle Vermehrung der auf den Boden angewendeten Arbeit
erlangt. [3])

Nun soll keineswegs geleugnet werden, daß dieses Gesetz
Einschränkungen erleiden kann. Jede landwirtschaftliche Ver=

---

1) Knies, Pol. Oek. S. 63 f.
2) Ebenda S. 341.
3) Stuart Mill a. a. O. V S. 184.

beſſerung und überhaupt jede Vervollkommnung der Produktion, also kurz gesagt, jede Erweiterung der Kenntniſſe des Menſchen, arbeitet dieſem Geſetze von der Verminderung des Ertrages ent= gegen, aber, dies darf nicht überſehen werden, immer nur tem= porär; alle dieſe Verbeſſerungen haben eine Grenze, und wenn dieſe durch die Fortſchritte des menſchlichen Geiſtes auch noch ſo weit hinausgeſchoben werden kann: das Beſtehen der Grenze darf damit nicht geleugnet werden.

Dieſe Anſicht ſpricht eine 1884 anonym erſchienene Schrift in folgenden Worten aus:

„Die Maſchine vermag die Arbeit des Pfluges, der Senſe, des Dreſchflegels zu vervollkommnen, und die raſtlos im Bereich der gegebenen Subſtanzen analyſierende, wie kombinierende Chemie mag den Erſatz der verbrauchten Stoffe des Erdbodens durch mechaniſche Zufuhr immer neuer künſtlicher Dungmittel noch um vieles verbeſſern: das Weſen der Ackerſcholle bleibt, was es war, die Grundgeſetze des Keimens und Wachſens des Pflanzen= und Tierreichs und damit die abſolute Abhängigkeit des menſchlichen Organismus von ſeinen ihn ernährenden Wurzeln des Erdbodens ändern ſich in nichts. Es iſt eine leere, kindiſche Vorſtellung, zu erhoffen, daß dermaleinſt unſer Planet durch Dampfpflüge, Drainröhren oder Ammoniak in einen großen fruchtbaren Paradieſesgarten verwandelt werden wird, darinnen das Menſchengeſchlecht ſich mühelos ſeines Daſeins erfreut.“[4]

Es iſt nun geſagt worden, mit denſelben Mitteln, welche die Armenverſorgung der beſchäftigungsloſen Arbeiter erfordere, könne denſelben auch Arbeit gegeben werden; wenn man daher das Recht auf Exiſtenz anerkenne, ſo ſei kein Grund vor= handen, nicht auch das Recht auf Arbeit zu gewähren.[1]

Gegen dieſe Behauptung ſind mehrere Einwände zu machen.

1. Die vorhandene Kapitalmenge iſt unzweifelhaft größer als die Menge der vorhandenen Arbeitsgelegenheiten, denn nicht alles Kapital dient den Zwecken der Produktion; die

---

[4] Vergl. Der vierte Stand und der Staatsſozialismus. Leip= zig 1884.
[1] Vergl. Stöpel, Fr. Gef. S. 282 f. Derſelbe, R. a. A. S. 29 f. und Haun a. a. O. S. 97 f. Auch Engländer hält dieſe beiden For= derungen zu wenig auseinander, vergl. a. a. O. III S. 154.

Unterſtützung könnte alſo offenbar weiter getrieben werden, als
die Verſorgung mit Arbeit, nämlich bis zur völligen Nivellirung
des Beſitzes. Dagegen liegt die Grenze der irgendwie ver=
wendbaren Arbeit weit näher, man müßte denn gerade völlig
wertloſe Thätigkeiten heranziehen, wie das Herausreißen und
Wiedereinſtampfen von Pflaſterſteinen. In dieſem Falle aber
wäre die Arbeit nichts als ein ſchlecht verdecktes Almoſen.

2. Das Exiſtenzminimum, welches den Mittelloſen gegen
die Benutzung ihrer Arbeitskräfte (ſoweit dies möglich) gewährt
wird, iſt bedeutend geringer als der „gerechte" Arbeitslohn,
welchen die das Recht auf Arbeit beanſpruchenden Arbeiter für
ihre Leiſtungen verlangen. Es iſt alſo falſch zu ſagen, die
Gewährung dieſes Rechtes bürde der Geſellſchaft nicht mehr
Koſten auf als die Armenverſorgung.

3. Der von öffentlicher Unterſtützung lebende arbeitsfähige
Menſch hat durch die Herabwürdigung, welche in dieſem Zu=
ſtande liegt, einen fortwährenden Antrieb, ſich ein Feld ſeiner
Thätigkeit zu ſuchen, jede nur einigermaßen erträgliche Arbeit
zu übernehmen. Iſt das Recht auf Arbeit garantirt, ſo fällt
dieſer Antrieb fort; die Menge der dem Staate zur Laſt Fallenden
wird alſo nicht die Tendenz der Verminderung, ſondern durch
die ſo erzeugte Sorgloſigkeit die der ſtetigen Vermehrung haben.
Das Recht auf Arbeit wird alſo für die Geſellſchaft eine be=
ſtändig wachſende Laſt ſein, was bei der öffentlichen Unterſtützung
nicht der Fall zu ſein braucht, ja, bei zweckmäßiger Durchführung
derſelben nicht der Fall ſein kann.

4. Der weſentlichſte Einwand aber iſt folgender:

Das Weſen des Rechtes auf Exiſtenz, das eben immer
ein Almoſen bleibt, geſtattet der Geſellſchaft, den von ihr unter=
ſtützten Individuen gewiſſe Verpflichtungen aufzuerlegen, vor
allem aber diejenige, ſich nicht ohne ihren Willen zu vermehren.
Das Recht auf Arbeit ſchließt eine ſolche Verpflichtung ſelbſt=
verſtändlich aus, denn der ſo beſchäftigte Arbeiter ſoll jedem
anderen Mitgliede der Geſellſchaft in keiner Weiſe nachſtehen,
verlangen die Sozialiſten. Die Gewährung des fraglichen
Rechtes würde alſo die Vermehrung einer Menſchenmenge, die
nicht im ſtande iſt, ſich ſelber zu ernähren, und deshalb der
Geſellſchaft zur Laſt fällt, bis ins Unendliche geſtatten.

Die Behauptung, daß die Gewährung des Rechtes auf Almosen auch das auf Arbeit ermögliche, ist also, wie wir sehen, falsch.

Mit dem letzten Punkte haben wir die schwächste Seite des Rechtes auf Arbeit berührt. Der außerordentlichen Vermehrungskraft der ärmeren Klassen, die schon die Abstammung des Namens Proletarier (von proles) andeutet, würden durch die Gewährung eines Rechtes auf Arbeit jegliche Schranken genommen werden. So würde gerade die Anerkennung dieses Rechtes seine Durchführung unmöglich machen. Während nun kein logisch denkender Mensch die gänzliche Abhängigkeit dieser Frage von derjenigen der Bevölkerung leugnen wird,[1]) haben gerade die sozialistischen Schriftsteller von jeher über diesen ihnen unbequemen Zusammenhang einen Schleier zu werfen gesucht. Man kann hierzu nur mit Knies sagen: „Mit denjenigen, welche gegenübergestellt einer Lage, in welcher jeder ein ausgiebiges Einkommen hat, sich den Gang der Bevölkerungsbewegung verhüllt halten, ist nicht zu diskutieren."[2])

Nachdem wir so ersehen haben, daß eine von der Natur des Menschen und der des Erdbodens ausgehende Betrachtung ein Recht auf Arbeit für eine Utopie erklären muß, wollen wir in folgendem die Mittel vorführen, welche man zur Verwirklichung des fraglichen Rechtes vorgeschlagen hat.

Dasjenige, welches sich ganz in die heutige Gesellschaftsordnung einfügen will, ist eine Organisation der öffentlichen Arbeiten.[3])

„Die hauptsächlichste Sorge besteht darin, die öffentlichen Arbeiten den Schwankungen der Privatindustrie anzupassen. Solange in der Privatwirtschaft die Nachfrage nach Arbeits-

---

[1]) Le sujet de la charité se présente naturellement à l'examen après celui de la population. On a même cru pouvoir s'autoriser des espérances que le premier suscite pour détruire les craintes qui ressortent du second. Par malheur, la remède qu'on proposait ne pourrait qu'empirer le mal. Pynode, Des lois du travail et de la population. Paris 1860, II p. 382.

. [2]) Knies, Pol. Oek. S. 63.

[3]) Eingehend hat sich Stöpel (N. a. A. S. 25 ff.) hiermit beschäftigt; wir geben die Quintessenz seiner Ausführungen hier kurz wieder.

kräften so umfangreich ist, daß ziemlich jeder Arbeitsfähige mit
Leichtigkeit Erwerb findet, werden die öffentlichen Arbeiten ein-
zuschränken sein, während sie in Zeiten größerer oder geringerer
Lähmung der Privatwirtschaft ausgedehnt werden müssen.
Oftmals wird diese Thätigkeit mit der Privatindustrie in Konkurrenz treten müssen und durch Lohnerhöhungen Arbeiter für
sich zu gewinnen suchen. Die Industrie ist mit Arbeitskräften reichlich versehen, dagegen bietet die Bodenproduktion ein weites Feld;
es gilt nur vermittelst weiser Einrichtungen die landwirtschaftliche Produktion durch frische Arbeitsgelegenheit und frische Arbeitskräfte zu befruchten. Noch gilt es große Strecken unbenutzten
Landes der Arbeit zugänglich zu machen, Moore und Sümpfe
zu entwässern, Wald zu roben und in Ackerland umzuwandeln
u. s. w. Die Mittel zur Bestreitung dieser Arbeiten werden
durch unverzinsliche, in Staatspapiergeld zu gewährende und
in angemessener Frist dem Staate zurückzuerstattende Vorschüsse
beschafft werden. Denjenigen, die von diesem Rechte Gebrauch
machen, kann unter keinen Umständen die Wahl der Beschäftigung freigestellt werden. Mit dem so gesteigerten Wohlstand
wird sich auch die sittliche Entwicklung des Volkes heben. Das
Verbrechen, das Laster, die Faulheit und Indolenz werden sich
vermindern, und so werden die Ausgaben für Gerichtspflege
und Polizei sehr erheblich reduzirt und für bessere Zwecke verwendet werden können.“

Dieser Vorschlag, öffentliche Arbeiten in größerem Umfange auszuführen, ist nicht neu, er war das Stichwort in den
beiden großen französischen Revolutionen. Die Nützlichkeit,
welche solche Arbeiten zuweilen, vielleicht auch oft, haben werden,
wird niemand leugnen. Aber soviel Land auch noch kultivirbar
ist, einmal wird diese Quelle sich doch erschöpfen; dieses Mittel
ist daher sehr vorübergehender Natur. Ist erst alles verwend-
bare Land kultivirt, so wird der Kreis der öffentlichen Arbeiten
naturgemäß ein eng begrenzter sein. Dieser Ausweg ist daher
wohl für vorübergehende Arbeitsstockungen nicht nur angemessen,
sondern von hoher Bedeutung, keineswegs aber geeignet, ein
auf Dauer berechnetes Recht auf Arbeit durchzuführen, wenn
man nicht bezüglich der Nützlichkeit jedweder Arbeit und der
Reichhaltigkeit der dem Staate zur Verfügung stehenden Mittel

von ganz unmöglichen Erwartungen ausgeht. Bei Stöpel nun ist dies der Fall. Es ist eine absurde Vorstellung, daß jemals zuviel nützliche Arbeit verrichtet werden könne, erklärt Herr Stöpel.[1]) Man sollte es nicht für möglich halten, daß ein denkender Mensch einen so unlogischen Satz hinschreiben kann. Wo der logische Fehler steckt, liegt auf der Hand. Nützlich ist jede Arbeit, solange sie verwendbar ist, ohne Nutzen, wenn sie keinen Gebrauch mehr findet, wenn eben zuviel von ihr vorhanden ist; der Ausdruck „zuviel nützliche" Arbeit ist daher eine contradictio in se. So absurd nun auch die Vorstellung ist, daß es jemals „zuviel nützliche" Arbeit gäbe, wie Herr St. richtig bemerkt, so wenig absurd ist es, daran zu denken, daß leicht zuviel Arbeit verrichtet werden kann, die dann eben nicht nützlich wäre.

Ein anderer Satz Stöpel's lautet: „Der Geldmangel wird, natürlich in vernünftigen Schranken, durch unsern Vor= schlag (Papiergeld) beseitigt."[2]) Man sieht, es gelüstet Herrn St. nach dem zweifelhaften Ruhme eines neuen John Law. Wenn aber Law II. seine öffentlichen Arbeiten mit dem Sprüchlein verteidigt, daß „es nichts Verkehrteres gebe, als an öffentliche Unternehmungen den Maßstab der Rentabilität zu legen,"[2]) so wirft diese Anschauung ein erhellendes Streiflicht auf seine Definition des Begriffes „nützliche Arbeit."

Das beliebteste Mittel zur Durchführung des Rechtes auf Arbeit, welches mit dem soeben geschilderten einige Familien= ähnlichkeit aufweist, lautet: „Der Staat soll Großproduzent werden." Sehr eingehend hat sich Wiede[3]) mit diesem Gegen= stande beschäftigt; wir wollen daher nach seinen Ausführungen kurz darstellen, wie er sich diese Großproduktion des Staates denkt.

„Alle denkbaren Produktionen eignen sich zum Betriebe des Staates; dieser kann sogar Schifffahrt, Handel, auch Bäckereien, Webereien, Tuchfabriken und überhaupt alle mög= lichen Unternehmungen in die Hand nehmen. Der Staat

---

1) Ebenda S. 80.
2) Ebenda S. 37.
3) Viel Originalität weisen die Wiede'schen Vorschläge nicht auf, sie sind in der Hauptsache eine Modernisirung der Blanc'schen Pläne.

garantirt, um auf die Löhne der Privaten eine Einwirkung auszuüben, einen Minimallohn. In Fällen, in welchen die Privatunternehmungen nach jeweiliger Lage ihrer Produktion den Minimallohnsatz erwiesenermaßen nicht zu zahlen vermögen, hilft der Staat mit Subventionen aus. Das Geld zu seiner Produktion nimmt er auf dem Wege einer Anleihe von einigen hundert Millionen Mark. Nach der Meinung des Verfassers würde dies System den Unternehmern nicht zum Schaden, wohl aber zum Vorteil gereichen, aus welchen Gründen, verschweigt er jedoch. Sollte aber diese Meinung, so fährt er fort, auf einem Irrtum beruhen, so könnten die Unternehmer in vielen Fällen durch ein weises Schutzzollsystem entschädigt werden. Die Einnahmen würden nach der Meinung des Verfassers so groß sein, daß nicht nur aus den öffentlichen Unternehmungen reichliche Mittel für den Staatshaushalt fließen würden, sondern sogar eine Ermäßigung der Steuern eintreten würde."[1]

Auch dieses Mittel, den Staat als Produzent auftreten zu lassen, beruht auf dem schon an früherer Stelle widerlegten Irrtum, daß der Staat die Produktionskraft des Bodens beliebig vermehren und jeglicher Arbeitermenge Unterhalt gewähren könne. Die Verfechter dieser Theorie übersehen, daß es nicht in der Macht des Staates liegt, neue Produktionen und die hierzu erforderliche Konsumtion hervorzuzaubern. Jedes Geschäft, das der Staat errichtet, macht naturgemäß ein schon bestehendes privates überflüssig, läßt dieses zu Grunde gehen. Es liegt wohl in der Macht des Staates, Millionen und aber Millionen von Schuhen zu verfertigen, solange der Ledervorrat reicht, aber er ist nicht im stande, den Menschen einen größeren Bedarf an Schuhen vorzuschreiben, als der vorhandene; dazu kommt noch die längst anerkannte Thatsache, wie wenig der Staat sich zum Produzenten eignet, und so muß auch dieses Projekt zur Durchführung des Rechtes auf Arbeit als verfehlt bezeichnet werden. Die Idee einer Lohngarantie von seiten des Staates eines widerlegenden Wortes zu würdigen, hieße derselben eine Bedeutung beilegen, die sie nicht besitzt.

---

[1] Wiede a. a. O. S. 20 ff.

Als ein weiteres Mittel hat man die Einziehung der Grundrente von seiten des Staates vorgeschlagen. Am eingehendsten hat sich mit diesem Gegenstande Henry George beschäftigt.[1] „Der Grund und Boden, so führt er aus, ist nur zum geringen Teil Produkt der Arbeit, daher ist jedes Privateigentum an Land eine Ungerechtigkeit, und dieses sollte gerechter Weise aufgehoben werden.[2] Da dies aber zuviel Schwierigkeiten machen würde, so soll man, statt das Land zu konfisziren, nur die Rente appropriiren. Es ist hierzu nicht nötig, daß der Staat alles Land verpachtet, sondern die Rente wird vom Staate eingezogen und zwar durch Besteuerung.[3] Alle Steuern außer der Grundrente sollen abgeschafft werden. Wenn der Boden keine Rente bringt, so wird niemand mehr ein größeres Stück in Besitz nehmen, als er mit seiner Familie bewirtschaften kann. Der Zerstückelung soll durch Vereinigung der einzelnen zu Genossenschaften entgegengetreten werden.“

Dies ist der Gedankengang von Henry George,[4] dessen vielfach verworrene Ideen eine merkwürdige Ueberschätzung erfahren haben.

Es ist nicht schwer, die Unrichtigkeit derselben nachzuweisen. Der Irrtum, daß der Boden nur zum geringen Teile Produkt der Arbeit sei, ist schon an anderer Stelle

---

[1] George a. a. O. S. 230—418.

[2] Dieser Gedanke ist nichts weniger als neu; schon Spinoza sagt in seiner „Abhandlung über Politik“ (erschienen 1677): „Die Aecker und aller Grund und Boden, und wenn es möglich ist auch die Häuser, müssen dem Staate angehören, d. h. demjenigen, der das Recht des Staates besitzt, von welchem sie gegen eine jährliche Abgabe an die Bürger, Städter und Landbewohner, verpachtet werden.“ Spinoza, Sämmtliche Werke. Uebers. Stuttgart 1841, IV S. 66.

[3] Dies ist schon vor George von Lassalle vorgeschlagen worden; vergl. Roscher, System der Finanzwissenschaft. Stuttgart 1886, S. 335.

[4] Samter sieht die Lösung in einem ähnlichen Vorschlage. Der Staat soll möglichst viel Grundeigentum in seine Gewalt bekommen, da dieses sich am besten zum gesellschaftlichen Eigentum eignet. Durch die hier betriebene Produktion soll er ein Gegengewicht gegen die Mängel der privaten Industrie bilden. (Vergl. Samter a. a. O. S. 453.)

Hiergegen ist dasselbe geltend zu machen, was gegen die Produktion des Staates überhaupt gesagt wurde.

nachgewiesen worden,[1]) und hiermit fällt auch die Ungerech=
tigkeit des Privateigentumes und die Berechtigung der daraus
abgeleiteten Grundrentensteuer fort. Aber auch praktisch würde
ein solcher Versuch scheitern müssen. George hat das wohl
auch selbst gefühlt, wenn er Maßregeln gegen die Zerstückelung
des Bodens empfiehlt, die in der That nicht zu vermeiden
wäre. Das von ihm empfohlene Heilmittel, das Zusammen=
treten zu Genossenschaften, wird niemand als ein Gegengewicht
gegen die Mängel der so entstehenden Zwergwirtschaft be=
trachten. Aber abgesehen hiervon ist es überhaupt unmöglich,
die Grundrente von der seit Jahrtausenden auf den Boden
verwandten Arbeit abzusondern. Und angenommen, es fände
sich ein scharfsinniger Kopf, der diese unmögliche Rechnung
doch zu Wege brächte, auch damit würde uns nicht gedient
sein. Es ist eine kaum noch bestrittene Thatsache, daß die
Grundrente heutzutage nicht weit über Null steht, und diesen
geringen Gewinn einziehen, die Landbesitzer also zu Pächtern
des Staates machen, hieße der Landwirtschaft ihre Lebenskraft
rauben. Vor allem aber würde bei der außerordentlichen
Schwierigkeit, den durch Meliorationen herbeigeführten Wert=
zuwachs von dem durch die Gunst der Konjunktur erzielten
zu unterscheiden, niemand es wagen wollen, größere Summen
auf Meliorationen zu verwenden.

Andere haben in einer Reform auf dem Gebiete der Zins=
einnahmen ein Mittel zur Durchführung des Rechtes auf Ar=
beit gesucht.[2])

Zeigen wir, wie man sich ein derartiges Mittel gedacht
hat:

„Der Staat hat die Pflicht, für den Arbeiterstand ein
Minimum des Einkommens d. h. des Lohnes zu garantieren.

---

[1]) Zuerst hat meines Wissens Locke hierauf hingewiesen; er sagt
(allerdings mit starker Uebertreibung): If we will rigtly estimate things
as they come to our use, and cast up the several expenses about
them, what in them is purely owing to nature, and what to labour,
we shall find, that in most of them $^{90}/_{100}$ are wholly to be put on
the account of labour. Locke a. a. O. II p. 170.

[2]) Dieser Vorschlag zeigt eine unverkennbare Familienähnlichkeit
mit dem 1848 von Proudhon angeregten Plane, einen unentgeltlichen
Kredit zu ermöglichen.

Wenn nur das Einkommen richtig verteilt wird, können wir nicht zuviel Arbeiter haben. Das Mittel zur Erreichung dieser richtigen Verteilung ist die Festsetzung eines Maximums für Zins; dadurch bleibt der Rest für Grundrente und Lohn disponibel. Die Grundrente ist allzu heftigem Steigen deshalb zur Zeit nicht ausgesetzt, weil Landarbeiter mangeln und jährlich höheren Lohn sich erstreiten. Sollte jedoch einmal die Grundrente allgemein eine solche Steigerung erfahren, daß Kapitalisten und Arbeiter in ersichtlichen Nachteil gegenüber den Grundbesitzern kämen, so ist eine Korrektur auf dem Wege der Besteuerung außerordentlich leicht durchführbar. Kann Zins und Grundrente somit nur einen bescheidenen Anteil an dem alljährlichen Plus des Nationaleinkommens haben, so muß naturgemäß ein nicht unbeträchtlicher Teil dieses Plus dem Lohne von selbst zufallen. So soll den Arbeitern steigender Lohn gesichert werden, wodurch natürlich Arbeitslosigkeit verschwinden würde. Dies wünschenswerte Resultat kann fast absolut gesichert werden durch Zuhilfenahme einer anderen volkswirtschaftlichen Maßregel. Unter gewissen Umständen muß der Staat selbst produziren (Staatsforstwesen, Militärbedarf, Bankwesen, Verkehrswesen u. s. w.). Dadurch, daß der Staat diese Produktionsthätigkeit stetig erweitert, entzieht er nach und nach immer mehr Wirtschaftsgebiete der Privatunternehmung. Durch die Höhe seiner Löhne wird nun der Staat auf die von den Privatunternehmern gezahlten einwirken."[1]

Den zweiten Teil dieses Vorschlages, die Großproduktion des Staates, haben wir schon vorher der Kritik unterworfen. Wir haben jetzt die Festsetzung eines Maximums für Zins als Mittel zur Durchführung des Rechtes auf Arbeit zu prüfen. Hier ergiebt sich als erste, kaum zu überwindende Schwierigkeit die Festsetzung eines solchen Maximums. Der Staat kann wohl Dekrete erlassen, daß nicht mehr als eine bestimmte Zinstaxe genommen werde, aber er hat nicht die Mittel zur Durchführung dieser Maßregel, da ihm das Interesse beider Partein, der Geldverleiher sowohl wie das der Geldleiher, gegenübersteht. Jemand der Geld nötig hat, wird eben, wenn er keinen findet,

---

[1] Meyer a. a. O. S. 384 ff.

der ihm solches zu der festgesetzten Taxe leiht, gern bereit sein, andere Bedingungen einzugehen, und die Gewalt des Staates wäre hier machtlos. Höchstens würde ein solches Dekret zu einer Umgehung des offiziellen Zinsfußes durch Zahlung versteckten Zinses führen, was die Maßregel zwecklos machen und dabei entschiedene Nachteile mit sich bringen würde. Sehen wir aber von dieser kaum zu überwindenden Schwierigkeit ab, so ergiebt sich ein zweiter Uebelstand. Eine derartige Maßregel wäre nur auf internationalem Wege zu treffen, denn würde sie in einem Lande allein durchgeführt, so wäre eine Auswanderung des gesamten Kapitales und damit ein völliger Ruin des Landes die unvermeidliche Folge. Nehmen wir nun an, daß eine internationale Durchführung einer solchen Maßregel zu ermöglichen wäre, ein allerdings sehr verwegener Gedanke, was wäre damit erreicht? Würde wirklich die Summe, die dem Zins entginge, dem Arbeitslohne zufallen?

Bei der Forderung der Zinsbeschränkung ist offenbar an den Zustand gedacht, in welchen (wie heute) der Unternehmer in der Regel vom Kapitalisten getrennt ist. Ist dies nicht der Fall, ist der Kapitalist selbst Produzent, so ist ja die Frage der Zinsbeschränkung ohne irgend welche Wichtigkeit. Im andern Falle, der jetzt wesentlich in Frage kommt, scheint auf den ersten Blick eine durch Beschränkung des Zinses erhöhte Lohneinnahme (die Durchführbarkeit einer solchen Zinsbeschränkung vorausgesetzt) nicht zu den Unmöglichkeiten zu gehören. Betrachten wir den sich ergebenden Vorgang näher:

Der Unternehmer erhält das Geld billiger, und der Kapitalist verliert. Wer nötigt nun den Unternehmer, seinen Mehrgewinn den Arbeitern zu überlassen? Das Arbeitsangebot ist dasselbe geblieben, also kein Grund zur Lohnerhöhung vorhanden; diese Handlungsweise aber von den humanen Gefühlen des Unternehmers zu erhoffen, wird kaum jemandem einfallen. Der Unternehmer wird also naturgemäß den ganzen Gewinn dieser Maßregel haben. Doch noch weitere Folgen würden sich ergeben. Viele Kapitalien, die bis jetzt zur Produktion verwendet wurden, werden unter den ungünstiger gewordenen Bedingungen zur Konsumtion benutzt werden. Die Produktion wird also eingeschränkt und die Menge der beschäftigungslosen Arbeiter noch

vergrößert werden, was naturgemäß ein Sinken des Lohnes
herbeiführen muß. Wem dieser Ausfall des Arbeitslohnes
zufällt, ist klar. Eine Zinstare ruft schon an sich bei den
gegen die Gesetzvorschrift Geld Leihenden das Bestreben hervor,
sich für diese Gefahr durch eine Risikoprämie zu entschädigen; diese
Tendenz erleidet aber noch eine Verstärkung durch die so er=
zeugte Konsumtion vieler sonst produktiv angelegten Kapitalien,
welche das Kapitalangebot wesentlich verringert, während der
Kapitalbedarf den Unternehmer zwingt, auch gegen die Vor=
schrift des Gesetzes unter jeder Bedingung Geld zu leihen.
Die Durchführung eines Rechtes auf Arbeit würde also durch
eine gesetzliche Zinstare nicht ermöglicht, sondern im Gegenteil
noch schwieriger gemacht werden.

Nicht zu übersehen ist auch die durch eine solche Maßregel
hervorgerufene Schwächung des Sparsamkeitstriebes. Endlich
aber würden viele Kapitalisten, um eine rentablere Verwen=
dung ihrer Kapitalien zu erzielen, selber Unternehmer werden;
die Macht des Kapitales würde demgemäß anstatt geschwächt,
im Gegenteil noch verstärkt werden. Es würde den Arbeitern
also ähnlich gehen, wie den Fröschen in der bekannten Fabel,
welche, mit dem unthätigen Holzklotze als König unzufrieden,
sich den sie verspeisenden Storch zum Herrscher wählten.

Auch das Mittel der Zinsbeschränkung ergiebt sich also
als ein völlig verfehltes.

Von anderer Seite [1]) ist eine Maschinensteuer als Mittel,
das Recht auf Arbeit durchzuführen, vorgeschlagen worden. [2])

„Die Maschinenarbeit, so sagt man uns, verdrängt die
Arbeit der Menschen, weil diese Steuern zahlen, jene nicht;
die unbesteuerten Maschinen können also die Arbeit weit billiger
liefern. Die Gerechtigkeit verlangt daher, daß man auch diese
besteuere und zwar in zwei verschiedenen Formen: 1) als
Transportsteuer, wodurch Schutz der nationalen Arbeit und
dadurch Verhinderung der Arbeitslosigkeit einträte; 2) als
Kohlensteuer.

---

[1]) Witte a. a. O. S. 18 ff.
[2]) Auch die Pariser Arbeiter schrieben diese Forderung einmal auf
ihr Programm; vergl. Leroy-Beaulieu, Le collectivisme: examen
critique du nouveau socialisme. Paris 1884, p. 357 f.

Wiebe, dem wir diese Ausführungen entnehmen, geht von der falschen Voraussetzung aus, daß die Einführung von Maschinen einen Teil der Arbeiter brotlos mache.[1] Wäre diese Ansicht richtig, so wäre die viel gepriesene Erfindung der Dampfkraft in der That, wie schon Robert Peel meinte, „keine Wohlthat für die Menschheit, sondern ihr bitterster Fluch." Das ganze letzte Jahrhundert wäre also nicht als ein Fortschritt, sondern als ein Rückschritt des Menschenge=schlechtes zu betrachten. Ist dem wirklich so? „Mais chaque coup de piston de la machine à vapeur répond par un bruit du foudre à l'accusation."[2] Jene Frage muß ver=neint werden, wenn anders Thatsachen Beweiskraft haben. Eine Thatsache aber ist es, daß seit Einführung der Maschinen die Menge der Arbeitsgelegenheiten sich unglaublich vermehrt hat, daß der Wohlstand der Völker in außerordentlichem Maße gestiegen ist. „Die Güterproduktion, so führt Sybel aus, hat in allen Zweigen einen mächtigen Aufschwung genommen. Der Acker bringt mehr als doppelten Ertrag im Vergleiche mit dem vorigen Jahrhundert. Die Industrie erzeugt Wert=massen, deren Aufzeichnung der Anstrengung der statistischen Organisationen spottet. Im Besitze dieser kolossalen Reich=

---

[1] Diese Ansicht verficht besonders Blanc. Die industrielle Wirt=schaft, sagt er, ist „unter dem Namen der Konkurrenz der Kampf des Armen gegen die Maschine, welche bestimmt ist, ihn vor Hunger sterben zu lassen, indem sie ihn ersetzt." (Histoire des dix ans, III p. 90.) Und in einer Sitzung des Arbeiterkongresses im Luxembourg (am 3. April 1848) ruft er aus: „Die Maschine ist nichts als eine Keule, mit welcher der mit einem Patent versehene Erfinder seine Mitbewerber zu Boden schlägt und Legionen von Arbeitern die Arme zerschmettert." (Stein, D. soz. u. kom. Bewegungen. S. 58.)
Aehnlich sangen auch die armen Weber von Brigthon:

> Ein König lebt, ein zorniger Fürst,
> Nicht des Dichters geträumtes Königsbild,
> Ein Tyrann, den der weiße Sklave kennt,
> Und der Dampf ist der König wild.
> Er hat einen Arm, einen eisernen Arm,
> Und ob er gleich nur einen trägt,
> In dem Arme schafft eine Zauberkraft,
> Die Millionen schlägt.

(Contzen a. a. O. S. 22.)
[2] Pelletan a. a. O. p. 353 f.

tümer ertragen die Völker dreifache Steuerlasten leichteren
Mutes, als vor hundert Jahren einfache."[1])

Diese Thatsachen sind der beste Beweis, daß die Maschine
die Arbeitsgelegenheiten nicht vermindert, sondern sie vermehrt,
dadurch, daß sie fortwährend neue Produktionsgebiete eröffnet
und durch Verbilligung der Waaren die Konsumtionsgebiete
erweitert.

Mac-Culloch erklärt diese Wirkung der Maschine auf
folgende Weise: „Wenn neue Maschinen eingeführt werden,
so nehmen sie Arbeitskräfte zu ihrer Anfertigung in Anspruch;
wenn die mit den Maschinen erzeugten Fabrikate wohlfeiler
werden, so muß sich dadurch die Konsumtion auch über die
ärmeren Volksklassen ausbreiten und dadurch die Nachfrage
nach denselben, also auch die Zahl der zu ihrer Produktion
nötigen Arbeiter steigen. Sollte aber der verbesserte Industrie=
zweig nur beschränkte Bedürfnisse befriedigen, so würden die
Konsumenten darum nicht ihre Konsumtion vermindern, sondern
dieselbe auf andere Fabrikate ausdehnen, die zu ihrer Produk=
tion ebenfalls wieder Arbeit erfordern."[2])

Noch weiter geht J. Say, welcher meint, daß der Mangel
an Beschäftigung in den Handelskrisen nicht von der An=
wendung der Maschinen herrühre, sondern sogar dadurch noch
gemildert werde, weil die Unternehmer so lange fortarbeiten,
als ihre Verluste den Capitalzinsen nicht gleichkommen, welche
ihnen beim gänzlichen Stillstande der Maschinen verloren
gehen."[3]) Man wird die Berechtigung dieses Einwandes nicht
leugnen können, sobald man bedenkt, daß der Bergbau z. B.
oft noch bis über diese Grenze hinaus betrieben wird.

Vor allem aber darf nicht übersehen werden, daß die
sich stetig steigernde Anwendung der Dampfkraft immer neue
Gewerbszweige und immer neue Betriebsarten der schon be=
stehenden ins Leben ruft, welche den Arbeitern immer neue
Arbeitsgelegenheiten verschaffen und zwar meist weit lohnendere,
als sie früher finden konnten.

---

[1]) Vergl. Sybel, Ueber die Wirksamkeit der Staatsgewalt in so=
zialen und ökonomischen Fragen. Berlin 1875.
[2]) Vergl. Marlo a. a. O. I S. 58.
[3]) Vergl. ebenda I S. 56 f.

Haben wir aber erkannt, daß die Einführung der Maschinen=
arbeit die Arbeit der Menschen keineswegs überflüssig macht,
sondern ihnen nur die unangenehmste und anstrengendste Arbeit
abnimmt,[1]) daß sie im Gegenteil die Konsumtion und damit
die Produktion vermehrt, so ist auch die Verfehltheit einer
Maschinensteuer erwiesen. Dieselbe wäre in der That nur
ein fortwährender Druck auf den Fortschritt der Produktion
und würde so die Arbeitsgebiete beschränken, anstatt sie zu
vermehren, also ebenso wie die vorhin erwähnte Zinstaxe ein
Recht auf Arbeit nicht ermöglichen, sondern ihm entgegen=
arbeiten.

Die bisher geprüften Vorschläge bewegten sich in dem Ge=
biete der heutigen kapitalistischen Produktionsweise. Ein Teil
der Sozialisten giebt nun selber zu, bei der heutigen Art zu
produziren sei das Recht auf Arbeit allerdings nicht durchführbar,[2])
wohl aber bei der genossenschaftlichen Produktion des sozialistischen
Zukunftsstaates. Sehen wir, wie sich die Sozialisten diese
Zukunftsproduktion vorstellen.

„Um das Recht auf Arbeit zu ermöglichen, muß vor allem
genau untersucht werden, wie viel innerhalb eines Volks=
ganzen in gewissen Waaren konsumiert wird, ob der Konsum
der einzelnen Waaren konstant bleibt, oder je nach der Jahres=
zeit oder dergl. wechselt, ob derselbe im allgemeinen steigt
oder fällt, und um wie viel das geschieht."[3]) „Wenn eine
Volkswirtschaft nun einen für alle ihre Mitglieder gültigen
Produktionsplan entworfen hat, nach welchem jede allgemein
nützliche Thätigkeit zu regeln sein soll, so muß sie unbedingt
zugleich die Beaufsichtigung der Gesamtproduktion übernehmen,
damit ihr Plan innegehalten und nicht hier und da von der

---

[1]) Le dix-neuvième siècle a trouvé l'âme de l'industrie dans
une goutte de vapeur; il a versé cet âme dans la fonte, et il a
créé un règne nouveau, le règne de la mécanique, le léviathan de
fer, chargé de remplacer l'homme au travail, de le relever de faction
pour le porter à la vie supérieure de l'intelligence. (Pelletan a. a. O.
p. 349.

[2]) Dies gestand schon Blanc ein; vergl. Hist. de 1848, I p. 127.

[3]) Geiser, Die Forderungen des Sozialismus in Zukunft und Ge=
genwart. Braunschweig 1876, S. 13.

Willkür Einzelner durchkreuzt werde."[1]) „Die bisherige plan=
lose Produktion soll durch eine „planvolle" ersetzt werden."[2])
Wie die Verwirklichung dieser phantastischen Träume vor
sich gehen soll, darüber sind die Ansichten der sozialistischen
Schriftsteller ebenso unklar, wie abweichend von einander; einig
sind sie nur darin, daß „an die Stelle verrotteter Einrich=
tungen völlig neue und lebensfähige"[3]) gesetzt werden müssen.
Statt nun diese nebelhafte Unbestimmtheit ihrer Ziele als eine
Schwäche jener Ideen anzuerkennen, versuchen sie vielmehr, dies
als eine Stärke derselben hinzustellen. „Gerade aus der Viel=
seitigkeit der möglichen Auswege muß die gewisse Zuversicht ge=
folgert werden, daß absolute Hindernisse gegenüber der Schöpfung
eines sozialistischen Zustandes garnicht vorkommen können, weil
eben von den verschiedenen Umgestaltungsmöglichkeiten höchstens
die eine oder die andere, nicht aber alle zugleich einer Durch=
kreuzung ausgesetzt werden."[4])
So ungefähr ist der Traum des sozialistischen Zukunfts=
staates, eines Zustandes, dessen Unhaltbarkeit Knies mit fol=
genden Worten charakterisirt hat:
„Der konsequente, systematisch ausgebildete Sozialismus
beschwört die allgemeine Staatsgewalt zu jeder Stelle herbei,
erwartet Alles von einer neuen Organisation der Produktion und
des Verkehrs, hebt die Freiheit des Individuums vollständig
auf, läßt Alles von dem Wollen des Menschen abhängig und
für es erreichbar erscheinen, macht die persönliche Arbeit, wohl
gar nur die körperliche, zum ausschließlichen Faktor der Pro=
duktion und zur Vorbedingung für die Teilnahme am Verzehr,
sieht vorab auf die (so sehr ungleiche) Konsumtion, glaubt an
die Unwirksamkeit der selbstliebigen Triebe und an die Allge=
meinheit der Aufopferungsfreude und macht die Gesamtheit
verantwortlich für das Loos des Einzelnen. Man entseelt das
Individuum, um aus einer unterschiedslosen Masse die materielle
Not zu entfernen, und indem man die Ordnung auch als
Stagnation und Tod verlangt, will man sogar die verschiedene

---

[1]) Ebenda S. 14.
[2]) Bebel, Unsere Ziele. Leipzig 1875, S. 31.
[3]) Most, Die socialen Bewegungen im alten Rom und der Cäsaris=
mus. Berlin 1878, S. 112.
[4]) Most, Lösung der socialen Frage. Berlin 1876, S. 196.

natürliche Begabung des Menschen als die erste Wurzel des
ungleichen Besitzes durch eine entgegengesetzt verschiedene Erziehung ausgeglichen sehen." [1]

An Stelle der Ausbeutung des Schwachen durch den Starken
würde der Kommunismus, um ein geistreiches Wort Proudhon's
zu gebrauchen, die „Ausbeutung des Starken durch den Schwachen"
setzen. [2]

Alle Träume, die man von einem sozialistischen Zukunfts-
staate hegt, beruhen eben auf einer völligen Verkennung der
thatsächlichen Dinge. Thöricht ist es zu glauben, daß eine Organisation der Gesellschaft, welche das Streben nach dem Eigen-
wohl durch das Interesse für die Allgemeinheit ersetzen will, größere
Erfolge aufzuweisen vermöchte als die jetzt vorhandene, solange
noch der Egoismus im Menschen mächtiger ist als die Nächstenliebe, d. h. solange die Menschen eben Menschen sind. Eine
außerordentliche Verminderung der Produktion als Folge der
Verminderung aller Triebe zu Arbeit und Fleiß ist die unab-
wendbare Folge jener nichtkapitalistischen Produktionsweise, und
„so würde man, um die Leibesnahrung Allen zu garantieren,
alle Güter des menschlichen und staatlichen Lebens preisgeben." [3]

Soweit man diese sozialistischen Theorien in die Praxis
zu übertragen versuchte, hat diese in der That die Unzuläng-
lichkeit jener Theorien glänzend bestätigt, obwohl es sich hier um
kleinere Gemeinwesen handelte, in welchen die Durchführung

---

[1] Knies, Pol. Oek. S. 292 f.
[2] Proudhon, Qu'est-ce que la propriété? Paris 1840, p. 283.
[3] Knies, Pol. Oek. S. 293.
Eine originelle Kritik des Kommunismus enthält das merkwürdige
Werk von Stirner: „Der Einzige und sein Eigentum." Leipzig 1845.
„Ist erst das Eigentum abgeschafft, heißt es dort (S. 155), so werden
wir alle gleiche — Lumpe. Für jetzt ist noch Einer in der Schätzung
des Andern ein „Lump", „Habenichts"; dann aber hört diese Schätzung
auf. Wir sind allzumal Lumpe, und als Gesamtheit der kommunistischen
Gesellschaft können wir uns „Lumpengesindel" nennen. Wenn der
Proletarier seine beabsichtigte „Gesellschaft" wirklich gegründet haben
wird, dann ist er Lump, denn er weiß sich etwas damit, Lump zu sein,
und könnte „Lump" so gut zu einer ehrenden Anrede erheben, wie die
Revolution das Wort „Bürger" dazu erhob."
In ähnlichem Sinne sagte Moltke einmal: In dem Augenblick,
wo wir alle gleich reich geworden sind, sind wir alle gleich arm geworden.

jener Pläne noch viel weniger widersinnig erscheint, als in dem Gebiete eines großen Volksganzen. Die praktischen Versuche Owen's und die sozialistischen Experimente nach Fourier in Nordamerika sind samt und sonders gescheitert. [1])

Wir haben also gesehen, daß Alles, was man zur Durchführung eines Rechtes auf Arbeit vorgeschlagen hat, in keiner Weise geeignet ist, dasselbe auch nur annähernd zu verwirklichen, daß alles dies im Gegenteil verschlimmern würde, wo es verbessernd wirken sollte.

### d. Gerechtigkeit eines Rechtes auf Arbeit.

Setzen wir nun den Fall, es fände sich irgend ein findiger Kopf, der doch einen Weg entdeckte, das Recht auf Arbeit praktisch zu verwirklichen, nehmen wir an, es gelänge ihm, die hierzu nötige internationale Regelung zu erreichen, lassen wir ferner alles außer Acht, was wir über die Unzweckmäßigkeit der Gewährung dieses Rechtes gesagt haben: würde in diesem Falle das Recht auf Arbeit eine Institution sein, welche der Menschheit zum Nutzen gereichte? Auch diese Frage muß bei näherer Betrachtung entschieden verneint werden.

Es liegt auf der Hand, daß ein Recht auf Arbeit jedem nur die gerade zu der Zeit vorhandene oder zu beschaffende Arbeit gewähren könnte, in den bei weitem meisten Fällen also gewöhnliche Tagelöhnerarbeit. Dies geben die Sozialisten auch zu. „Es ist klar, sagt in diesem Sinne einer der Verteidiger jenes Rechtes, daß bei den Notarbeiten immer nur gewöhnliche Tagelöhnerarbeiten in Frage kommen können, wie Holz hauen, Steine klopfen, Erde karren, Straßen kehren, Düngergruben reinigen u. dergl. Freilich sind diese Arbeiten, heißt es dort weiter, für einen brotlosen Goldarbeiter, einen stellungslosen Kaufmann oder

---

[1]) Vergl. Semmler, Geschichte des Sozialismus und Kommunismus in Nord-Amerika. Leipzig 1880. — Nicht besser erging es den von Popow in Rußland eingerichteten kommunistischen Gemeinwesen, die sich nach kurzer Zeit auf allgemeinen Wunsch der Beteiligten auflösten; vergl. Tägliche Rundschau vom 18. März 1890 („Kommunisten in Rußland" von Roskoschny.).

Landwirt, nicht angenehm; aber geschändet wird durch solche Arbeiten kein Mensch."[1]

Jener Schriftsteller übersieht, wie alle Sozialisten, vollständig, daß die Kräfte eines „stellungslosen Kaufmanns" keineswegs ausreichen, sich etwa durch Steine klopfen seinen Unterhalt zu erwerben. Seine Hände würden nach einer Stunde dieser ungewohnten Arbeit erlahmen. „Kann man, so ruft schon Thiers aus, Leuten, welche mit dem Weberschiffe oder mit dem Grabstichel umgehen, eine Schaufel in die Hände geben?"[2] Würde demselben nun doch der volle Lohn ausgezahlt werden, wie ihn der hierin geübte Arbeiter erhält, so wäre dies nichts als ein verkapptes Almosen. Ein wahres Recht auf Arbeit müßte also das Unmögliche möglich machen, jedem eine seinen Kräften und Fähigkeiten entsprechende Arbeit zu geben.

Weiter ist folgendes zu beachten:

Eine der beliebtesten Phrasen, mit denen man das Recht auf Arbeit zu verteidigen sucht, lautet also: „Das Recht auf Arbeit ist notwendig, um die freie Entwicklung der Persönlichkeit zu bewirken, um dem Menschen die Erfüllung der sittlichen Aufgabe auf Erden, die ihm als Glied der menschlichen Gemeinschaft, als Mitglied eines Staatswesens gestellt ist, zu ermöglichen."

Diese Verteidigung ist in Wahrheit die schärffte Anklage gegen das fragliche Recht. Vermag denn Steine klopfen die Individualität eines Göthe zu entwickeln? Ist Erde schaufeln die sittliche Aufgabe eines Humboldt?[3] Sollte also ein Recht auf Arbeit wirklich irgend welchen natur- und vernunftgemäßen Anforderungen entsprechen, so müßte es einem neuen Göthe einen Posten als Nationaldichter, einem Mommsen einen Lehrstuhl für Geschichte geben. Kurz, das Recht auf Arbeit müßte Dinge vollbringen, die selbst für die Wünschelrute im Volksmärchen zu gewaltig wären.

---

[1] Witte a. a. O. S. 35.
[2] Thiers, Ueber das Eigentum. Uebers. Mannheim 1848, S. 181.
[3] Ein sozialdemokratischer Reichstagsabgeordneter bezeichnete es in einer Wahlrede allerdings als „erwünscht, daß auch die Professoren die Straße zu kehren hätten." Vergl. Frankfurter Journal vom 27. Februar 1890.

Daß ferner das Recht auf Arbeit nicht im geringsten ge=
eignet ist, die freie Entwicklung der Persönlichkeit zu ermög=
lichen, sondern dieselbe im Gegenteil hemmen und ersticken
müßte, ist bereits an anderer Stelle dargelegt worden. „Was
wir uns selbst gewinnen an Freude und Leib durch eigenes
Wagen und eigene Werke, das ist doch immer der beste Inhalt
unseres Lebens,"[1]) sagt jener Dichter, welcher der Arbeit ihren
Platz in der Literatur errang.

So haben wir denn gezeigt, daß selbst der humanste Stand=
punkt keinen einzigen Grund für die Gewährung des Rechtes
auf Arbeit bietet, daß ferner diese Gewährung im höchsten Grade
verderblich wirken müßte, da jenes Recht die wertvollsten Eigen=
schaften des menschlichen Charakters schwächen oder gar ver=
nichten würde, daß sodann die Durchführung eines solchen Rechtes
an der Klippe der physischen Unmöglichkeit scheitern müßte, und
daß endlich, die Verwirklichung desselben in einer andern Welt
als der heute bestehenden vorausgesetzt, dieses sogenannte Recht
in Wahrheit die krasseste Ungerechtigkeit wäre.

Das Recht auf Arbeit ist eben nur der Traum einer krank-
haft erregten Phantasie. „Das Höchste an Freiheit und Gleichheit,
was erreicht werden kann, ist das Recht, daß jeder seine Kräfte
unter gleichen Bedingungen frei verwenden dürfe, und selbst
dieses Recht wird besten Falls nur annähernd verwirklicht."[2])

---

[1]) Freytag, Die Ahnen. Leipzig 1885, VI S. 399 f.
[2]) Schäffle, Bau und Leben. II S. 149.

# Der moderne Pessimismus.

Wir haben im vorhergehenden gezeigt, daß alle Mittel verfehlt sind, welche die Sozialisten zur Heilung des nach ihrer Behauptung vorhandenen Mißstandes, der eine Menge Menschen zur Arbeitslosigkeit verdamme, vorgeschlagen haben. Wenn nun die Volkswirtschaftslehre nichts anderes thun könnte, als gegen alles Einwendungen vorzubringen und darzuthun, daß alles, was man zur Heilung der Schäden in der modernen Kultur vorgeschlagen hat, falsch ist, so wäre dies eine vielleicht notwendige, jedenfalls aber sehr undankbare Aufgabe. „Wenn ein Zustand, welcher einen Teil der Menschen zur Arbeits= losigkeit verdammt, ihr Leben also zu einem verfehlten macht und sie zwingt, durch die Gnade ihrer Mitmenschen ein küm= merliches Dasein zu fristen, wenn ein solcher Zustand that= sächlich vorhanden wäre, so würde es, um mit Stuart Mill zu reden, unfaßbar sein, wie jemand, der seiner Vernunft mächtig ist, dazu kommen sollte, sich weiter um die Bestimmung des Menschengeschlechtes zu bekümmern. Die einzige Weisheit würde dann darin bestehen, mit epikureischer Gleichgiltigkeit für sich und diejenigen, für die man ein Interesse empfindet, dem Leben so viele persönliche Befriedigung, als es ohne Be= einträchtigung anderer gewähren kann, abzugewinnen und das bedeutungslose Gewühl der sogenannten civilisirten Existenz unbeachtet vorübergehen zu lassen." [1])

---

[1]) Stuart Mill a. a. O. VI S. 33.

Zu einer derartigen pessimistischen Ansicht ist jedoch kein Grund vorhanden. Es ist nicht denkbar, daß wirklich andauernd eine größere Menge von Arbeitskräften vergeblich nach Arbeit verlangen könnte; das so vergrößerte Arbeitsangebot müßte notwendig ein allgemeines Sinken des Lohnes zur Folge haben. Daß aber in den letzten Jahrzehnten ein außerordentliches Steigen des Arbeitslohnes stattgefunden hat, ist eine von niemand bestrittene Thatsache. [1]) Dieses nun widerlegt schlagend die Hypothese der stetig steigenden Arbeitslosigkeit. Ein ähnlicher Gedankengang schwebte Thiers vor, als er sagte: „Wenn es unter den gewöhnlichen Verhältnissen eine Anzahl von Händen gebe, welche keine Felder zum Bebauen fänden, so müßten die Gewerbe aller Arten, die Spinnereien und Schmieden, zu Grunde gehen." [2])

Alle jene Schriftsteller, welche ein stetiges Steigen der Armut, eine fortwährende Vermehrung der brotlosen Arbeiter in dem Fortschreiten der Kultur zu erblicken meinen, [3]) befinden sich in einem ganz entschiedenen Irrtum. Die Gründe, welche

---

[1]) Macaulay (History of England. Leipzig 1849, I p. 414.) kommt bei der Betrachtung Englands im Jahre 1685 zu dem Resultat, daß der Arbeiter zu seiner Zeit (Mitte des 18. Jahrh.) im Durchschnitt den doppelten Lohn erhalte. Nach Biedermann (Deutschland im 18. Jahrhundert. Leipzig 1854, I S. 387 ff.) waren schon in der Mitte unseres Jahrhunderts die Arbeitslöhne in vielen Berufsarten auf das Doppelte, ja, zum Teil auf das Dreifache gestiegen, im Vergleich zum vorigen Jahrhundert, während die meisten Lebensbedürfnisse nicht mehr als um die Hälfte gestiegen, einzelne (z. B. die meisten Bekleidungsstoffe) sogar billiger geworden waren. Foville (La transformation des moyens de transport. Paris 1880, p. 362.) zeigt, daß der Preis aller Dinge seit der Restauration um etwa ein Drittel, der durchschnittliche Arbeitslohn dagegen um drei Viertel gestiegen ist; und Oechelhäuser (Die Arbeiterfrage. Berlin 1886, S. 11.) berechnet, daß sich in den letzten vierzig Jahren die Arbeitslöhne mindestens verdoppelt haben, während der Ertrag des Kapitales im gleichen Zeitraume um mindestens 25 % zurückgegangen ist.

[2]) Thiers, Ueber d. Eigentum. S. 180.

[3]) Lange (Arbeiterfrage. Winterthur 1879, S. 61.) nennt die heutige Zeit die des „industriellen Faustrechts"; und Lassalle ruft aus: „Arbeiterstand und Handwerkerstand bilden in unserer Gesellschaft eine wirthschaftliche Abteilung, über welcher die Inschrift der Danteschen Hölle steht: Die ihr hier eintretet, lasset alle Hoffnung fahren!" (Herr Bastiat=Schulze von Delitsch. Berlin 1864, S. 29.)

zu dieser schwerwiegenden Irrung geführt haben, sind unschwer zu erkennen.

In früheren Zeiten fanden sich nur wenige, welche ein Interesse daran hatten, das Elend der Massen aufzudecken; Männer, wie Vauban, hat es nicht viele gegeben. Ja, es lag im Gegenteil im Interesse der Regierung, über die mißliche Lage des Volkes einen möglichst dichten Schleier zu ziehen. Heute ist dies ganz anders geworden. Eine mit den umfang= reichsten Mitteln bewaffnete Statistik bringt bis in die Hütte des niedersten Arbeiters und verkündet der staunenden Mitwelt, wie weit das Elend der Menschen steigen kann. Zahllose, von der Regierung aufgestellte Enqueten sind ständig bemüht, jeglichen Mißstand, unter dem die Arbeiterbevölkerung leidet, zu allgemeiner Kenntnis zu bringen. Giebt es doch literarische Schulen, deren Metier es ist, den Vorhang vor dem Elend des Volkes fortzuziehen und ein verehrliches Publikum zu dem ergötzlichen Anblick einzuladen. So erscheint uns naturgemäß die heutige Zeit, über die wir eben genau unterrichtet sind, weit schlimmer, als jene „gute, alte Zeit", die wir allzu gern in dem verschwommenen Lichte mittelalterlicher Romantik zu be= trachten lieben. „Das Elend des Volkes, um ein Wort Eng= länders zu gebrauchen, liegt heute schon auf einem Paradebette, ehemals war es versteckt in einem Winkel."[1]

Ferner muß man die durch die Steigerung der Kultur erhöhten Ansprüche der unteren Volksklassen in Betracht ziehen; durch die Erhöhung ihres geistigen Niveaus ist auch das Streben intensiver geworden, ihr materielles Wohl in ent= sprechendem Maße zu verbessern, sodaß man wohl sagen kann: „Nicht die Zahl der Notleidenden, sondern die Zahl der Unzufriedenen ist gestiegen."[2]

Ein anderer Grund, der dazu geführt hat, den Mangel an Arbeit weit zu überschätzen, ist folgender:

Das größte Elend, die meiste Arbeitslosigkeit drängt sich in den großen Städten zusammen, weil dort jeder am ehesten Aussicht zu haben meint, lohnende Beschäftigung zu finden. Diese so konzentrirte Arbeitslosigkeit fällt natürlich am stärksten

---

[1] Engländer a. a. O. I S. 2.
[2] Oechelhäuser a. a. O. S. 3.

der Beobachtung anheim und läßt so den Arbeitsmangel weit größer, als er in Wahrheit ist, erscheinen. Auch ist gerade in den großen Städten die Statistik am besten entwickelt, was die so entstehende Täuschung über die thatsächlich allgemein vorhandenen Zustände noch vergrößert.

Diese trübe Anschauung von den heutigen Zuständen ist noch verstärkt worden dadurch, daß man sich gewöhnt hat, den Vermehrungstrieb der Menschen in hohem Grade zu überschätzen. Die meisten Schriftsteller, welche sich mit diesem Gegenstande beschäftigten, haben Amerika als Beispiel für die Stärke des Vermehrungstriebes angeführt.[1] Ein unglücklicheres Beispiel konnte garnicht gewählt werden. Man vergaß dabei ganz, daß der fast unerschöpfliche Reichtum an fruchtbaren, noch unangebauten Ländereien gegenüber dem Mangel an Arbeitskräften, ihn zu bearbeiten, eine ganz außerordentliche, ungewöhnlich starke Bethätigung des Vermehrungstriebes hervorrufen mußte.

So sehen wir, wie Irrtum auf Irrtum sich häufte, um diese falsche Ansicht von den heutigen Zuständen zu erzeugen. Ein ganz anderes Bild geben uns im Vergleich hierzu die auf Grund der Statistik gewonnenen Resultate. Emminghaus z. B. gelangt durch genaue statistische Erhebungen zu dem Resultat, daß fast überall in Europa, für die Armenpflege mag welches System immer gewählt sein, die Zahl der öffentlich Unterstützten in den letzten zwanzig Jahren (geschr. 1870) abgenommen hat, daß die öffentliche Unterstützung für jeden einzelnen eine dem Geldbetrage nach reichlichere geworden ist.[2] Derartige Thatsachen aber widersprechen energisch der Behauptung, der Mangel und die Arbeitslosigkeit seien größer geworden; denn da die Zahl der öffentlich Unterstützten geringer, die Fürsorge für die Armen aber fraglos größer geworden ist, läßt sich in zwiefacher Hinsicht eine Abnahme der Armut konstatiren.

Zu denselben Ergebnissen gelangt, trotz seiner oft allzu

---

[1] Z. B. Mehring: „Jede Bevölkerung hat eine natürliche Tendenz, generationenweise in einem rapiden Verhältnisse zuzunehmen, und zwar zeigt die Erfahrung namentlich der Vereinigten Staaten von Nord-Amerika, daß je in einem Zeitabschnitte von 25 Jahren eine Verdoppelung stattfinden kann." (Die deutsche Sozialdemokratie. Bremen 1877, S. 152 f.)

[2] Emminghaus, a. a. O. S. 725 f.

pessimistischen Ansichten, auch Stuart Mill: „Die Erfahrung zeigt uns, daß das Andrängen der Bevölkerung gegen die Sub=sistenzmittel in dem gegenwärtigen Zustande der Gesellschaft zwar ein großes, aber doch kein wachsendes Uebel ist; der Fortschritt alles dessen, was man unter dem Namen der Civilisation zu=sammenfaßt, zielt vielmehr darauf ab, dieses Uebel zu verringern, zum Teil durch die raschere Vermehrung der Mittel zur Be=schäftigung und Ernährung der Arbeitenden, zum Teil durch die erhöhte Leichtigkeit, welche der Arbeit geboten wird, sich nach neuen Ländern und auf bisher unangebaute Arbeitsgebiete zu über=tragen, und zum Teil durch einen allgemeinen Fortschritt in der Einsicht und Bedachtsamkeit der Bevölkerung.“[1]

Wenn wir nun zu der Ansicht gekommen sind, daß ein in größerem Maße auftretender perpetueller Arbeitsmangel keineswegs zu den begleitenden Umständen unserer soviel ge=schmähten modernen Zeit gehört, daß nur eine pessimistische Verkennung der Thatsachen ihn derselben aufoctroyirt hat, so soll damit ein hin und wieder, besonders zur Zeit der Geschäfts=stockungen, auftretender Mangel an Beschäftigung keineswegs geleugnet werden. Es gehört jedoch nicht in den Bereich unserer Aufgabe, die Heilmittel derartiger Gebrechen einer Erörterung zu unterziehen, zu entscheiden, ob Staatshilfe oder Selbsthilfe die richtige Parole sei, ob also in solchen Fällen der Staat durch Anweisung von Notarbeiten einzuschreiten habe, oder ob richtig organisirte Gewerkvereine einen genügenden Schutz gegen jene Uebelstände bilden.[2]

Unsere Aufgabe war es zu zeigen, daß nicht allein das von den Sozialisten geforderte Recht auf Arbeit in jeder Be=ziehung zu verwerfen sei, sondern daß auch „die allgemeine Verschlimmerung in der Lage der Arbeiterklassen,“ womit man jene Forderung zu rechtfertigen versucht hat, eine vage Behaup=tung ist, die mit den Thatsachen in direktem Widerspruch steht. —

---

[1] Mill a. a. O. XII S. 190 f.

[2] Voraussichtlich wird von den beiden Schlagworten „Staatshilfe“ und „Selbsthilfe“ keins das andere verdrängen, sondern beides wird sich vereinigen müssen, um eine befriedigende Lösung zu erzielen. „Zum Sehen bedarf man, um ein schönes Wort Bensens zu gebrauchen, nicht blos des Lichtes, sondern auch eines gesunden Auges, welches geeignet ist, das Licht in sich aufzunehmen.“ (Die Proletarier. Stuttgart 1847, S. 477.)

Wie übertrieben aber auch bie Anſichten über bie Mängel unb Schwächen ber heutigen Geſellſchaftsorbnung ſinb, es wäre boch ein ebenſo ſchwerwiegenber Irrtum, in ben entgegenge= ſetzten Fehler zu verfallen unb in optimiſtiſcher Verkennung ber Thatſachen ben heutigen Zuſtanb für einen burchaus wün= ſchenswerten unb fehlerfreien zu erklären. Ueberall ſehen wir Mißſtänbe, Not unb Elenb; vergeblich iſt es, bieſe Thatſachen leugnen zu wollen. Jebe Hanb, bie ſich zitternb nach einem Stück Brot ausſtreckt, jeber Arbeiter, ber flehenb nach Arbeit jammert, vernichten mit einem Schlage bie Theorie von ber Vollkommenheit ber heutigen Zuſtänbe, bie uns von ben Ver= tretern bes laisser faire mit ſoviel Begeiſterung geprieſen wirb. Es iſt baher bie vielleicht ſchwerſte, aber auch ſicher höchſte Pflicht, unermüblich an einer ſtetigen Verbeſſerung unſerer wirtſchaft= lichen Zuſtänbe zu arbeiten; unb ſicherlich, bas iſt unſer Troſt unb unſere Hoffnung für bie Zukunft, hat keine Zeit mehr hierin gethan als bas letzte Decennium.

Es kann noch viel, ſehr viel geſchehen, aber, bas müſſen wir uns ſtets vorhalten, es kann nicht alles geſchehen. „In jebem Kleibe werb' ich wohl bie Pein bes engen Erbelebens fühlen.“ Auch jebe Form bes wirtſchaftlichen Lebens wirb immer ihre Mängel unb Schwächen haben. Das menſchliche Leben kann wohl nach Vollkommenheit ſtreben, ſich ihr vielleicht allmälig nähern, ſie erreichen niemals. Immer wirb es Dinge geben, bie ſehr vorteilhaft unb wünſchenswert, aber nun einmal nicht erreichbar ſinb; was nützt es ba, bie Vorſehung anzuklagen, baß ſie bie Erbe ſo unvollkommen geſchaffen? Menſchen, bie krank ober als Krüppel geboren werben, ſinb auch zu beklagen, trotzbem giebt man ihnen keine Entſchäbigung für bieſe Härte ber Natur, kann ihnen keine geben. Vorausſichtlich niemals werben Not unb Sorge, Armut unb Elenb von ber Erbe ver= ſchwinben; bas einzige, was unſere geringe Kraft vermag, iſt, ſie nach Möglichkeit zu linbern.

„L'homme se plaindra toujours et aura toujours quel-
que sujet de se plaindre!“ [1])

<hr>

[1]) Foville a. a. O. p. 362.

# Druckfehlerverzeichnis.

S.   2 Z. 15:        Statt töricht      lies thöricht.
„   7 „  9 v. A.:      „ Arbeitern      „ Arbeiter.
„  17 „ 10:           „ aufoktroirt     „ aufoktroyirt.
„  17 „  4 v. u.:      „ ben            „ bem.
„  26 „  6 „  „:       „ Zoëga         „ Zoëga.
„  34 „ 14 „  „:       „ auf, 12        „ auf 12,
„  38 „  7:           „ déclaration     „ déclaration.
„  39 „  2:           „ Komite         „ Komité.
„  41 „ 14:           „ Malouets       „ Malouet's.
„  43 „ 10 & 1 v.u.:  „ Komites        „ Komités.
„  75 „  1 v. A.:      „ Konzen        „ Konzen.
„ 104 „ 14 v. u.:     „ Kosumtion      „ Konsumtion.

——➤✳︎◄——

Dinge — jene mochten wohl nicht gern bei den drohenden
Verwicklungen Deutschland verlassen, — nach Florenz zurückgekehrt sei, die Hypothese, dass der florentinische Gesandte
irgendwie durch den Herzog Leopold von Oesterreich, der auf
jenem Tage anwesend war, die Hand bei der Aufnahme des
Artikels über das Mailänder Bündnis gehabt haben wird[1]). Es
war also keine florentinische Gesandtschaft in Frankfurt, wenn
man nicht etwa annehmen will, dass neben Sacchetti noch ein
anderer in Deutschland gegen Mailand zu wirken beauftragt
gewesen sei.

Immerhin wird der Aufenthalt Sacchettis in Oesterreich
ihm insofern nützlich gewesen sein, als er so erkennen konnte,
auf welche Weise der Zwiespalt im Reiche und die Feindschaft
gegen Wenzel, den Gönner Galeazzos, von Florenz benutzt
werden müsse. Seine daraufgehenden Ratschläge werden die
Florentiner nicht unberücksichtigt gelassen haben, ohne dass
wir sagen können, ob sie ihm durch Schreiben an die rheinischen Kurfürsten oder durch Gesandte nachgekommen sind.

Denn wir sehen bei den Ereignissen in Deutschland die
italienischen Angelegenheiten immer mehr in den Vordergrund
treten. Im Herbste 1397 hatte sich endlich König Wenzel aus
Böhmen nach Deutschland aufgemacht, und einen Reichstag
nach Frankfurt berufen: am 23. Dezember erschienen vor ihm
die rheinischen Kurfürsten, und überreichten ihm ihre Beschwerden[2]). Und es ist hierbei merkwürdig zu sehen, wie sie
sich bemühten, deren Zahl zu vermehren. Daneben ist es von
hohem Interesse festzustellen, auf wen etwa die einzelnen
Punkte zurückzuführen sein mögen. Art. 1, zeigt schon wegen
der Bezeichnung Benedicts XIII. als des Widerpapstes den aus-

---

[1]) Auch nach dieser Gesandtschaft scheinen zwischen den Herzogen von
Oesterreich und Florenz engere Beziehungen fortgedauert zu haben. Denn
als schon in Italien die Nachricht von der Wahl Ruprechts eingetroffen
war, handelte es sich im florentinischen Rate darum, ob man nicht bei
dieser Gelegenheit eine offizielle Gesandtschaft nach Oesterreich schicken
sollte. Der Antrag scheint zwar abgelehnt zu sein, aber immerhin zeigt
er, welche Hoffnungen die Florentiner auf die Herzöge setzten. Siehe
Beilage.    [2]) RTA III. nr. 9.

schliessich römischen Standpunkt der Opposition. Deutlicher
wird uns dies durch art. 2, dass Bonifaz IX. in einer „bullen“
an die Fürsten des Reichs geschrieben habe, dass Karl VI.
Genua in Besitz genommen, das doch „des riches statt“ sei,
und dass sich Florenz mit diesem Reichsfeinde verbunden habe:
beides solle Wenzel abstellen. Vielleicht mag in diesem Schreiben
auch eine Aufforderung zum Romzuge[1]) gestanden haben, wie
sie der Papst schon öfters an Wenzel richtete; aber warum die
Fürsten nicht auch diese Beschwerde verwendeten, ist unklar.
Der ganze Artikel ist also ganz sichtlich gegen Frankreich und
auch gegen Florenz zu Gunsten „ander des riches stett“, womit dann wohl kaum eine andere Stadt als Mailand gemeint
sein kann, gerichtet.

Wie gering das politische Verständnis der Kurfürsten für
die Zustände in Italien zur Zeit noch war, zeigt der nun
folgende Artikel (2[a]). Noch eben hatten sie Wenzel aufgefordert,
gegen Florenz Massnahmen zu ergreifen; nun soll er die Erhebung Mailands zum Herzogtum rückgängig machen, d. h.
unter anderem auch für Florenz Partei ergreifen. Von sich aus
haben die Kurfürsten dies nicht hinzugefügt, denn die Thatsache
der Erhebung war doch schon auf dem Maitage ihnen bekannt,
wo sie nur die Aufhebung des Bündnisses mit Mailand verlangten, was sie ja auch jetzt wiederholten. Es muss also irgend
ein Feind Mailands hier eingewirkt haben, nach Lindner wäre
dies „unbedenklich“ Florenz.

Diese Einwirkung konnte schriftlich geschehen sein; aber
es scheint dieses nicht sehr wahrscheinlich zu sein, da man
in dieser Zeit auf keinen Fall in die Endabsichten der Kurfürsten eingeweiht war; an wen hätten dann die Florentiner
ihr Schreiben richten, und mit welchen Anträgen bei einer
noch ganz unsicheren Angelegenheit hervortreten sollen? Dagegen konnten ja, wenn auch wohl ohne offiziell aufzutreten,
florentinische Agenten in Frankfurt anwesend gewesen sein, und
mit den Kurfürsten verhandelt haben[2]). Aber wie sollten diese

---

[1]) Lindner l. c. p. 504.    [2]) Gino Capponi, Storia della republica di
Firenze I., p. 406 verweist auf Giovanni Morelli für die Geschichte der „pri-
vate diplomazia che faccano i mercanti fiorentini residenti in Alemagna“ etc.

nicht den gegen sie und ihren Verbündeten, Frankreich, gerichteten Artikel 2 erkannt und zu verhindern gesucht haben?
Zu dieser Frage gibt uns Artikel 4 einigen Aufschluss: „item
unsers herren des königes fründe hatten Berne inne in Lamparten, do der von Meylant kriegt mit den von Bern; und
gaben das dem von Meylant inne und namen gelt darumb, von
der wegen Berne dem rich engangen ist": also auch Verona soll
Wenzel wieder dem Reiche zubringen[1]). Wie wir zu Anfang
der Abhandlung gesehen, hatte es Giovanni Galeazzo verstanden
in gemeinsamen Kampfe mit Francesco von Padua gegen die
della Scala in Verona, nicht nur Verona zu erwerben, sondern
auch seinen Bundesgenossen um Vicenza zu bringen, eine
Kränkung, die dieser wohl nicht leicht vergessen konnte.

Jetzt wird dieser Vorgang nach langen Jahren hervorge-
holt, um einerseits gegen Wenzel verwendet zu werden, andrerseits aber auch den König aufzufordern, seinem engverbundenen
Giovanni Galeazzo das unrechtmässig erworbene Reichsgut zu
nehmen. Der Reichsvikar von Padua war entschieden der durch
jenen Akt am meisten geschädigte; daher möchte ich eher die
Aufnahme der Italien betreffenden Punkte dem von Padua zuschreiben[2]), als den Florentinern; ihm lag die genuesische
Angelegenheit ferner; bedeutend aber wurde seine Stellung
geschädigt durch die Erhebung Mailands zu einem Herzogtume,
wodurch wieder die Lage der Republik Florenz politisch in nichts
eine schlechtere wurde.

Besser sind wir über die Urheberschaft des Artikels 5 unterrichtet. Goro Dati erzählt[3]), dass die Florentiner a tutti i nobili
baroni della Magna ein Schreiben geschickt hätten, in dem Wenzel
beschuldigt wurde, dem Herzog von Mailand zum Schaden des
Reiches Blanquets, sog. Membranen überlassen zu haben[4]). Ohne

---

[1]) Ueber die Beteiligung der Gesandten des Königs bei der Ueber-
gabe von Verona s. Andrea Gataro, Murat. SS. rer. Ital. XVII., 616, D. ff.
Lindner, 1. c, Beilage XIII.    [2]) Cronica del Morelli. Anh. zu Malaspini
Istoria fiorentina p. 309 hebt ausdrücklich die Mitwirkung des Reichsvikars von Padua hervor, „perché tenea amicizia nella Magna". [3])— l.
c. p. 57.    [4]) Corio, l. c. p, 275 gibt das Privileg Wenzels an Galeazzo,
in dem uns eine grosse Anzahl von Städten etc. aufgezählt wird, mit denen

auf die Frage, ob der Anklage Thatsachen zugrunde lagen oder
nicht, einzugehen, muss das hervorgehoben werden, dass gerade
dieser Punkt, dass die Florentiner allen Fürsten des Reichs
diese Mitteilung machten, zu beweisen scheint, dass diese zwar
von der Wenzel feindlichen Strömung im Allgemeinen Kenntnis
hatten, aber betreffs der Gruppirung der Parteien noch nicht
unterrichtet waren.

Das Resultat dieser Auseinandersetzung ist nun in Kürze
folgendes: unverkennbar ist die Einwirkung des Papstes, weniger
aus politischen, als aus kirchlichen Rücksichten; sodann erscheint
als höchst wahrscheinlich die Agitation des Reichsvikars von
Padua, während von den Umtrieben der Florentiner bis jetzt
noch wenig zu verspüren ist.

Es ist begreiflich, dass die Ueberreichung der Beschwerde-
punkte von seiten der Kurfürsten an König Wenzel allenthalten
das grösste Aufsehen erregte. Auch Florenz wird jetzt erkannt
haben, wo es mit seinen Bemühungen einzusetzen habe, um in
Wenzel seinen eigenen Feind Galeazzo zu bekämpfen. Jene
Vorgänge in Frankfurt wurden sicher in Italien bekannt, und
verfehlten nicht, die grösste Aufmerksamkeit auf den Zustand
in Deutschland zu erregen. Von jetzt an müssen wir die Anwesenheit florentinischer Gesandten in Deutschland annehmen, von
denen fast alle zeitgenössischen italienischen Quellen sprechen[1]),
ohne dass es uns jedoch möglich wäre, ihre sicher geheime
Arbeit im Einzelnen zu verfolgen. Geld spielte hierbei wohl
keine geringe Rolle, während es Florenz auch nicht versäumte,
als der Plan einer Absetzung Wenzels immer mehr hervortrat,
diese unzweifelhaft widerrechtlichen Bemühungen durch Gutachten zahlreicher Rechtsgelehrten zu unterstützen[2]).

---

der Herzog belehnt sei. Es mochte wohl ganz natürlich sein, den mit der
Bevollmächtigung zur Belehnung ausgestatteten Gesandten des Königs
ein Blanko mitzugeben, das dann an Ort und Stelle ausgefüllt wurde.
Wie das zum Schaden des Reiches geschehen konnte, zeigt am besten,
dass auch die Bischofs- und Reichsstadt Trient, als zu Mailand gehörig,
genannt ist. Uebrigens kamen solche Blanquets im Mittelalter gar nicht
selten vor.
   [1]) Z. B. Gataro. l. c. coll. 839. B. C.    [2]) Goro Dati, l. c. ,con bono
consiglio di molti dottori delle leggi«. Ein derartiges Gutachten geht

Den einzigen Anhaltspunkt für die Umtriebe der Florentiner
in Deutschland müssen wir in den Vorgängen daselbst finden[1]),
insofern dabei die Zustände Italiens eine Rolle spielen, insbesondere aber darauf unser Augenmerk richten, wie die Forderungen wegen Italiens eine wechselnde, aber stets konkretere
Gestalt annehmen.

Wir sehen nicht, dass Wenzel gemäss den Beschwerden
diese, wenigstens so weit sie Italien betrafen, irgendwie abzu-
stellen versucht hätte. Andrerseits erhob die fürstliche Opposition,
trotz der mancherlei Erfolge, welche Wenzel durch sein Erscheinen im Reiche erzielt hatte, wieder ihr Haupt. Im April 1399
kamen die vier rheinischen Kurfürsten in Boppard zusammen:
die Unterdrückung des Raubritterwesens, die Zoll- und Münz-
frage[2]) dienten wohl nur als Vorwand für die Zusammenkunft.
Den Kernpunkt bildeten sicher die geheimen Besprechungen der
Kurfürsten, deren Ergebnis unter doppelten Siegelverschluss
bewahrt wurde[3]). Es kann hier nicht darauf ankommen festzustellen, welche Fortschritte die Verschwörung gegen Wenzel
durch diese Zusammenkunft gemacht; aber das ist von Wichtigkeit, dass sie sich verpflichten, keiner Schmälerung des Reiches,
auch solcher, die vor dieser Zeit geschehen, ihre Zustimmung
zu geben, „und sunderlingen die sachen van des van Meylayn
umb daz land van Meylayn solen wir nyet bestedigen.“ Gerade
dieser Abschnitt legt uns die Vermuthung nahe, dass diejenigen
Staaten, welche am meisten durch die Erhebung Mailands zum
Herzogtume geschädigt waren, Padua und Florenz, der Möglichkeit, dass die Kurfürsten späterhin auf Ansuchen Wenzels
oder Galeazzos ihre Zustimmung zu diesem Akte geben möchten,
entgegenzuarbeiten verstanden. Und wenn es in der Urkunde

---

unter dem Namen des berühmten Rechtslehrers Franciscus de Zabarellis,
Mitt. d. österr. Inst. f. Gesch.-Forsch. IX. p. 631 ff. Jedoch möchte ich,
auf Grund der Notiz bei Dati, nicht den Papst, wie in d. Mitt., sondern
Florenz als Auftraggeber annehmen.

[1]) Es erscheint mir nicht unmöglich, dass man in dem Stadtarchiv
von Florenz aus Rechnungsaufstellungen noch manches finden könnte,
was uns die Agitation in Deutschland besser verfolgen liesse.    [2]) RTA. III.
nr. 42—45.    [3]) RTA. III. nr. 41.

heisst, dass auch die anderen Erwerbungen Mailands „vur datum diss brives" (April 1399), d. h. insbesondere die Besitznahme von Pisa und Siena, nicht bestätigt werden sollen, so möchte ich diesen Abschnitt in höherem Grade der Einwirkung der florentinischen Gesandten, als derjenigen Paduas zuschreiben. Die rheinischen Kurfürsten hatten durch diesen Schritt eine Verpflichtung übernommen, die ihre italienische Politik in Zukunft band; ob sie hiefür von Florenz Geld empfingen, wie manche der Quellen berichten, lässt sich nicht beweisen, erscheint aber als höchst wahrscheinlich.

Die italienischen Angelegenheiten treten jetzt vor denen des Reichs in den Hintergrund. Die Absetzung Wenzels war jetzt schon eine fest beschlossene Sache; aber es galt vor allem, zu diesem aussergewöhnlichen Schritte den römischen Papst Bonifaz IX. zu gewinnen. Von Anfang an hatten die Kurfürsten stets für den römischen Papst Stellung genommen, während andererseits Wenzel einer Neutralitäts-Erklärung zwischen beiden Päpsten, wozu man in Frankreich geschritten war, nicht abgeneigt war. Sein kirchliches Interesse hätte Bonifaz ohne zu zögern die Partei der Opposition ergreifen lassen müssen; allein was dann, wenn deren Versuch misslingen sollte? Hätte er nicht dann die Obödienz Wenzels verlieren und sich die Gegnerschaft des schon nahe an den römischen Kirchenbesitz vorgedrungenen Galeazzos zuziehen müssen? ·Man mag über die Ehrlichkeit in der Politik denken, wie man will; in diesem Falle konnte der Papst nicht anders handeln, als den Gang der Ereignisse abwarten, um darnach seine Entscheidung zu treffen. Demgemäss fiel auch die Antwort des Papstes auf ein Schreiben der Kurfürsten[1]), das ihn, unter Androhung einer Neutralität in Sachen des Schismas im Weigerungsfalle, für ihre Pläne gegen Wenzel zu gewinnen suchte, völlig nichtssagend aus[2]): er könne sich nicht so schnell in einer so schwierigen Frage entscheiden. Einen solchen Bescheid hatten die Kurfürsten wohl kaum erwartet: thatsächlich war es wohl eine Absage des Papstes bei ihrem Vorhaben. Der Eindruck dieses Briefes hatte

---

[1]) RTA. III. nr. 114.   [2]) RTA. III. nr. 115.

sicher auch, neben anderen Gründen, wie dass man sich über
die Person des zu Wählenden nicht einigen könnte[1]), dazu
mitgewirkt, dass man auf dem Tage zu Frankfurt im Mai und
Juni nicht zu einem endgiltigen Beschlusse kam. Allein man
hatte damit noch nicht die Absicht, die Sache ganz fallen zu
lassen, — denn man hatte sich schon zu weit auf sie eingelassen —; sondern die Kurfürsten schrieben einen neuen Tag
nach Oberlahnstein aus[2]), fest entschlossen, ihre Absicht dann,
unbekümmert um die Haltung des Papstes, durchzuführen.

So kamen die Kurfürsten am 11. August 1400 zu Oberlahnstein zusammen. Für unsere Frage interessirt uns nur ein
Punkt der sogenannten Wahlkapitulation Ruprechts III. von der
Pfalz[3]); sollte Ruprecht „von gotz versehen" (!) zum König
gewählt werden, so will er die Erhebung Galeazzos zu einem
Herzoge und zum Grafen von Pavia widerrufen, „ane geverde"
mit aller Macht die Lande in der Lombardei und den wälschen
Landen nach dem Rathe der Mitkurfürsten wieder an das Reich
bringen, und bei demselben halten, und die Kosten hierzu aus
jenem Lande selbst nehmen".

Die Lage der Kurfürsten hatte sich in Bezug auf Italien
durchaus nicht verändert gegen früher; und doch zeigen sich
fortwährende Veränderungen in ihren Beschlüssen über Italien,
die immer mehr auf eine feindlichere Stellungnahme gegen
Mailand auslaufen; und da den Nutzen hiervon allein die antimailändische Liga, mit Florenz und Padua an der Spitze, davon-
trägt, so werden wir nicht fehlgehen, wenn wir jenen Artikel
ihrer Einwirkung zu Folge entstehen lassen, ohne zu entscheiden,
ob Florenz oder Padua das meiste dazu beigetragen. Ohne
Zweifel war dies ein bedeutender Erfolg der italienischen Politik;
konnte Ruprecht seine Wahl durchsetzen, so war ein Krieg
dieses mit Mailand gewiss.

Selbstverständlich nahm diese Mailänder Frage auch in
den Anklagepunkten gegen Wenzel[4]), welche vor der Erklärung
seiner Absetzung verlesen wurden, einen wichtigen Platz ein,

---

[1]) RTA. III. nr. 231.    [2]) Einladungsschreiben s. RTA. III. nr. 146 ff.
[3]) RTA. III. nr. 200.    [4]) RTA. III. nr. 204.

wobei ein Vergleich der auf Italien bezüglichen Beschwerden
vom Jahre 1397[1]) mit den jetzigen von besonderem Interesse
ist. Es war uns damals aufgefallen, mit welch' geringem Verständnis die Kurfürsten den Zuständen Italiens gegenüber standen.
Jetzt merkt man hiervon nichts mehr; vor allem ist die von
Bonifaz IX. angeregte Forderung wegen Genuas, welche, wie
wir gesehen, sowohl gegen Frankreich, wie gegen Florenz gerichtet war, jetzt fortgefallen. Es ist dies einmal der Einwirkung
florentinischer Gesandten zu verdanken; dann aber mochte sich
Ruprecht nicht gleich von Anfang an in Gegensatz zu Frankreich setzen.

Aber auch mit dem Artikel über Mailand geht eine merkwürdige Veränderung vor: man war wohl zur Erkenntnis
gekommen, dass dem König Wenzel das Recht, Mailand
zu einem Herzogtume zu machen, nicht abgesprochen werden
könne, wenn es auch der Gewohnheit widersprach; aber das
rechnete sie ihm als schweres Vergehen an, dass er für jene
Belehnung, durch welche die Einkünfte des Reichs entschieden
geschmälert wurden, Geld genommen, sich habe bestechen
lassen.

Von Verona ist jetzt nicht mehr die Rede. Es ist möglich,
dass die Kurfürsten die Haltlosigkeit dieser Anschuldigung ein-
sahen; man kann aber auch annehmen, dass sie hiermit dem
Reichsvikar von Padua entgegenkamen, dessen Absichten entschieden zum wenigsten auf einen Teil des Vikariats von Verona
gingen; wie hätten sie sich verpflichten mögen, eben dieses
Gebiet wieder dem Reiche zuzuführen, auf welches ein Verbündeter
von ihnen Anspruch machte?

Hiezu kam dann noch die schon oben besprochene Angelegenheit wegen der Membranen.

Auf Grund dieser, und anderer das Reich betreffenden
Anklagen sprach Kurfürst Johann von Mainz „in gerichtes
stad" „in namen und wegen" der Mitkurfürsten die Absetzung
Wenzels „als einen unnützen, versäumlichen, unachtbaren engleder
und unwirdigen hauthaber" des Reiches aus. Wie schon diese

---

Schlussformel bezeugt, war die auswärtige Politik nicht der
geringste Grund zur Absetzung.

Das Gegenstück hierzu bildete natürlich die am nächsten
Tag, dem 21. August 1400, stattfindende Wahl Ruprechts. Seine
Verpflichtungen, die er vor derselben eingehen musste, haben
wir schon oben besprochen. Erscheint es dann nicht geradezu
als Hohn, wenn die Wähler vor der Wahlhandlung schwören,
dass sie ihre „stimme und kore ane alle globde, gelt, miede,
oder wie man das genennen mocht, als mir got helfe und alle
heiligen etc." [1]) geben wollten, und wenn Ruprecht nach derselben an Bonifaz IX. schreibt „nescio quo dei iudicio sors
eleccionis super me cecidit" [2]), besonders wenn man bedenkt,
dass Ruprecht ausdrücklich vor dem Akte seine Stimme seinen
Mitkurfürsen übertragen hatte [3]), weil er sich doch nicht selbst
wählen mochte?

So hatte die Welt das merkwürdige Schauspiel, sowohl um
die höchste geistliche, wie weltliche Macht zwei Bewerber streiten
zu sehen. Für König Ruprecht, dessen persönliche treffliche
Eigenschaften allseitig von seinen Zeitgenossen anerkannt wurden,
kam es hauptsächlich darauf an, seine zum mindesten zweifelhaft rechtliche Erhebung durch glänzende Erfolge zu rechtfertigen. Und dazu sollte denn ein Zug nach Italien helfen,
dessen Ausführung der Gegenstand meiner Abhandlung sein soll.

Hierbei ist es besonders angenehm, dass in Bezug auf die
Vorbereitung des Zuges ein sehr reichliches Urkundenmaterial,
und ein vorzüglicher Berichterstatter in der Person des florentinischen Gesandten Buonaccorso Pitti uns über alles wesentliche unterrichtet, so dass wir nur selten zu Hypothesen zu
greifen haben.

---

[1]) RTA. III. p. 267; 5, 4.   [2]) RTA. III. p. 282; 16.   [3]) RTA. III.
p. 267; 45.

## II. Vorbereitung des Zuges.

König Ruprecht war von Anfang seiner Regierung an durch das vor der Wahl abgegebene Versprechen zu einem Zuge nach Italien verpflichtet, weniger um nach Rom zu ziehen und sich die Kaiserkrone zu holen, obwohl dieses als der Endzweck des ganzen Unternehmens 'aufgefasst wurde, vielmehr um in Oberitalien die Uebermacht Mailands zu brechen. Dies stand natürlich für die italienischen Agenten, von deren Wirksamkeit in Deutschland in dem einleitenden Abschnitte die Rede war, im Vordergrund; ob Ruprecht Kaiser würde, oder nicht, mochte ihnen mehr oder minder gleichgiltig sein. Wie sehr dieses den Florentinern die Hauptsache war, zeigt am besten die Motivirung der ersten Gesandschaften an Ruprecht: 14. Dezember 1400, in Alemanniam aliquis mittatur pro sciendo processum rerum et saltem capitaneum mittant, und am 3. Januar: Item quod mittatur aliquis — ad investigandum de factis novi imperatoris etc. [1]). Ihre eigene Lage verlangte eine auswärtige Hilfe, und diese sollte ihnen ein Zug des deutschen Königs über die Alpen bringen.

Selbstverständlich konnte der Romzug nicht gleich nach der Wahl unternommen werden. Für Ruprecht kam es einstweilen darauf an, den Kreis derjenigen, welche ihn als den rechtmässigen König anerkannten, deren Zahl im übrigen am Anfange eine recht geringe war, zu erweitern, im Auslande Anerkennung und Bündnis zu gewinnen, und dann Wenzel durch Waffengewalt zur Aufgabe seiner Ansprüche auf die deutsche Königswürde zu bestimmen. Sehr wichtig musste es für Ruprecht

---

[1]) Consulte e pratiche. gedr. als Beilage.

sein, welche Stellung Bonifaz IX. zur Thronveränderung einnehmen würde, und dass man von ihm die Approbation erlange[1]).

Auf alle diese Verhandlungen kann hier nicht eingegangen werden; ich muss mich eben beschränken, auf die zusammenfassende Darstellung bei Höfler „Ruprecht von der Pfalz". (Freib. 1861) zu verweisen, wozu man das entsprechende Aktenmaterial in den Reichstagsakten Band IV und V findet.

Dagegen müssen die Beziehungen Ruprechts zu den italienischen Staaten und Städten von vornherein näher ins Auge gefasst werden. Dieselben werden eröffnet durch Schreiben der Kurfürsten[2]), welche uns zwar verloren gegangen sind, aber wohl kaum mehr enthielten, als einen kurzen Bericht über die Absetzung Wenzels und die Wahl Ruprechts, und eine entsprechende Aufforderung zur Anerkennung. Von einem bevorstehenden Romzuge war in diesen Briefen wohl kaum gesprochen, wie man aus den Antworten der italienischen Städte ersehen kann. Diese sind uns deshalb von besonderer Wichtigkeit, als sie uns sofort die Parteistellung der Städte zur Thronumwälzung zeigen, die sich ganz nach dem Verhältnis zu Mailand richtet. Trotzdem eine Einwerkung florentinischer Unterhändler in Deutschland unverkennbar ist, möchte es nicht da auffallen, dass der Rat von Florenz eine auffallende Unsicherheit über die Stellung, die er gegen die Thronumwälzung einnehmen musste, noch am 10. Nov. zeigt[3])? Bestätigt dies nicht unsere schon oben ausgesprochene Vermutung, dass nicht offizielle Gesandten, sondern eigene Politik treibende Kaufleute von Florenz die gegen Wenzel gerichtete Politik im geheimen unterstützten? Der Nutzen aber, den Florenz aus der Neuwahl ziehen konnte, war zu augenscheinlich, als dass es längere Zeit unentschieden bleiben konnte. Unbedingt stellte es sich auf die Seite Ruprechts[4]) und mit ihm Lucca[5]), Cortona[6]), die Grafen von Montedoglio[7]) und Padua, das heisst also die antimailändische

---

[1]) Weizsaecker, in d. Abh. d. Berl. Akad. hist.-philol. Abt. 1888. RTA. IV. nr. 1—123, nebst den einleitenden Bemerkungen. [2] RTA. IV. p. 227; 28. 228; 10. 229; 10. [3]) s. Beilage. [4]) RTA. IV. nr. 196 (30. November). [5]) RTA. IV. nr. 199. [6]) RTA. IV. nr. 197. [7]) RTA. IV. nr. 198.

Liga, die kurz zuvor, am 21. März 1400 durch Vermittlung
Venedigs Frieden mit Mailand geschlossen hatte[1]). Markgraf
Nicolaus von Ferrara, der, wie Venedig, an das er sich stets
hielt, bei allen Kämpfen in Oberitalien eine möglichst neutrale
Stellung einzunehmen sich bemühte, gab eine ausweichende
Antwort[2]), während Franz von Gonzaga, Reichsvikar des so
wichtigen Mantua, wie er auch bei dem letzten Kampf der Liga
gegen Mailand auf der Seite des letzteren gestanden hatte, entschieden das Vorgehen der Kurfürsten verurteilte, und erklärte,
unverbrüchlich an König Wenzel, als seinem rechtsmässigen Herrn,
also auch an Galeazzo, festhalten zu wollen[3]). Dagegen war an
Venedig nicht zu dieser Zeit geschrieben worden, da es nicht
als zum Reiche gehörig betrachtet wurde. Denn dass dieses
nicht geschehen, beweist eine Notiz in einem Briefe Ruprechts
an diese Stadt vom 23. November[4]), in dem er den Bericht
über die Ereignisse in Deutschland mit dem Ausdrucke beginnt,
„prout ad vestram intelligenciam alias potuit esse deductum[5]),
und dann um „amicitia" bittet. Dass er wohl kaum mehr erwarten konnte, werden ihm die italienischen Unterhändler klar
gemacht haben; sie kannten aus langjähriger Erfahrung die
Politik dieses Inselstaates, sich bei Streitigkeiten weder nach
der einen, noch nach der anderen Seite zu verpflichten, um
aus der Schwächung beider Parteien Nutzen zu ziehen.

Von ganz hervorragender Bedeutung war natürlich auch
die Stellungnahme des römischen Papstes. Alsbald nach der
Wahl traten die Kurfürsten[6]) und Ruprecht[7]) mit Bonifaz in
Verkehr, wobei sie eine demnächst an ihn abgehende Gesandtschaft ankündigten. Bisher hatte Bonifaz, wie wir oben gesehen,
auf den Versuch, ihn für ihren Plan gegen Wenzel zu gewinnen,
eine ausweichende Antwort gegeben. Jetzt mochte man hoffen,
dass er aus seiner reservierten Stellung heraustreten würde, um
Ruprecht, dessen Parteinahme für Bonifaz ja über allen Zweifel
erhaben war, unter Hinnahme der geschehenen Thatsache, zu

---

[1]) RTA. IV. p. 306 nt. 4.  [2]) RTA. IV. nr. 194.  [3]) RTA. IV.
nr. 193.  [4]) RTA. IV. nr. 185.  [5]) RTA. IV. p. 216; [14, 15].  [6]) RTA.
IV. nr. 219.  [7]) RTA. IV. nr. 222.

approbieren. Um so unangenehmer war es für Ruprecht, dass Bonifaz an Wenzel am 24. August, als er doch kaum mehr über die Endabsichten der Opposition im Zweifel sein konnte, ein Schreiben gerichtet hatte, in welchem er diesem seine unerschütterliche Treue und Anhänglichkeit versicherte[1]), was dann Wenzel nicht versäumte in Deutschland bekannt werden zu lassen. Nur schlecht verstand Ruprecht seine Missstimmung über die Haltung des Papstes zu verbergen: nicht weniger wie viermal betonte er in dem nächsten Briefe[2]) die Rechtmässigkeit seiner Wahl, und sicher nicht ohne Absicht geschah es, dass Ruprecht die Absendung einer Gesandtschaft erst nach der Königskrönung ankündigte. Dass letzteres aber trotzdem vor der Krönung erfolgte, daran war allein die feindselige Haltung Aachens schuld, welche eine Hinausschiebung des Termines nötig machte. Allzu lange mochte man doch nicht die Eröffnung der Verhandlungen mit der Kurie verzögern. Vom 14. Dezember ist die Vollmacht für Konrad v. Verden, Joffrid v. Leiningen und Hermann Rode als Gesandte nach Rom ausgestellt[3]), und wohl auch bald darauf traten sie ihre Reise an.

Etwa um die Mitte des Dezembers 1400 schickte nun auch Bonifaz einen Gesandten nach Deutschland „de andare a exponere inbasciata da sua parte alluno imperadore e allaltro"[4]). Er mochte erkannt haben, dass er auf seinem einseitigen Standpunkt zu Gunsten Wenzels, wenn er nicht einen Teil seiner Obödienz verlieren wollte, nicht beharren dürfe, sondern unbedingt einlenken müsse, um sich auf die Seite zu stellen, die ihm das meiste bieten konnte. Leider wissen wir nichts Näheres über diese Gesandtschaft; für uns tritt sie ganz zurück hinter die spätere Montecatinos[5]), welcher die päpstliche Antwort auf die Forderungen Konrads von Verden bringen sollte, und zwar den Entwurf der Approbations-Urkunde, und, was noch das wichtigere war, die Aufforderung zu unversäumten Zuge über die Alpen. Gerade dies zeigt, dass auch noch andere

---

[1]) RTA. III. nr. 185.    [2]) RTA. III. nr. 223. — p. 282; ₃₆. „rite",
—; ₃₇ „uti est iuris et approbate consuetudinis" p. 283; ₈ und ₉ „ut imoris est".    [3]) RTA. IV. nr. 1.    [4]) RTA. IV. p. 2; ₇ff.    [5]) Das päpstliche Gebiet datiert vom 25. März 1401. RTA. IV. nr. 4.

Gründe den Papst bestimmt haben, sich Ruprecht zu nähern; auch er war durch das Umsichgreifen Galeazzos in Toscana in seinem Besitzstande sehr gefährdet. Vergeblich hatte er Wenzel zu einem Zuge nach Italien zu bewegen gesucht, so dass auch für die Zukunft nicht zu erwarten war, dass sich das enge Verhältnis Wenzels zu Galeazzo ändern würde. Jetzt war Ruprecht, dessen Mailand feindliche Haltung der Kurie nicht verborgen sein mochte, gewählt; man konnte von ihm einen Versuch des Kampfes mit Mailand hoffen: darum lenkte Bonifaz ein. Daneben kann auch der Gedanke obgewaltet haben, sich durch eine Kaiserkrönung in Rom vor dem Gegenpapste in Avignon das unbedingte Vorrecht vor aller Welt zu verschaffen; von hoher Bedeutung war jedoch dieser Gesichtspunkt nicht; denn wie könnte man sonst die lange Zögerung des Papstes mit der Approbation verstehen?

Für ihn war eben der Zug Ruprechts nach Italien, insofern er einen Kampf mit Mailand zu Folge haben musste, die Hauptsache. Darum beauftragte er Montecatino, auf das Genaueste sich über den Termin des Aufbruchs, über die Truppenstärke und den einzuschlagenden Weg zu erkundigen. Dies gibt uns die Ueberzeugung, dass schon Konrad von Verden bei seinen Bemühungen, den Papst für Ruprecht zu gewinnen, mehr oder minder bestimmte Andeutungen über die Absichten des Königs gemacht, dass man also schon im Dezember 1400 einen Zug über die Alpen, als in nicht allzugrosser Ferne stehend, ins Auge gefasst hatte. Mitwirkend mag bei diesem Plane, neben den zum Teil so überaus freudigen italienischen Antwortbriefen, das Eintreffen eines Gesandten des Reichsvikars von Padua[1]) gewesen sein, der es sicher nicht an den nötigen Worten über die glänzenden Aussichten des Unternehmens fehlen liess. Wir werden noch öfters die Gelegenheit haben zu sehen, wie sehr von Anfang an Franz von Padua an der Spitze der gegen Mailand gerichteten Bemühungen stand, so dass auch schon dieser Grund uns die Berechtigung gibt, bei den italienischen

---

[1]) RTA. IV. p. 229; 16, 17, abgeschickt nach 11. November, Ankunft in Deutschland Anfang des Dezembers.

Umtrieben vor der Absetzung Wenzels nicht sowohl an Florenz, als vielmehr an Padua zu denken. Denn wie könnte man es sonst verstehen, dass Ruprecht seinem Gesandten Albrecht von Thannheim, den er nach Italien schickte[1]), um dort in Reichsangelegenheiten zu wirken, den Auftrag gab, mit den nicht dem Reiche zugehörigen Städten (wie Venedig) nur „nach dez herren von Padaw rate und underwisunge"[2]) zu verhandeln? Das zeugt entschieden von einem hohen Vertrauen, das Ruprecht auf Franz setzte. Und wir sehen nicht, dass jener jemals darin getäuscht worden wäre: während des ganzen Zuges stand Franz ihm stets mit Rath und That zur Seite, und bietet uns so ein angenehmes Gegenstück zur egoistischen, kleinlichen Politik der Florentiner. An diesen also sollte sich Albrecht wenden: noch nicht war von einem Romzuge in dessen Instruktion die Rede, obwohl natürlich die Gesandtschaft nur eine Vorbereitung des Zuges bezweckte, um die eine oder die andere Stadt von dem Bündnisse mit Mailand abzuziehen und sie für die Partei Ruprechts zu gewinnen. Die italienischen Fürsten und Kommunen sollten zu einem Tage in Deutschland Gesandte schicken, um mit Ruprecht zu berathen, „wie man unsers herren des koniges und des heilgen richs sachen forther handel und bestelle zu dem besten und nutzlichsten"[3]). Zur Unterstützung dieser Werbung gab Ruprecht seinem Gesandten eine Aufzeichnung der Fürsten, Herren und Städte, welche ihn als König anerkannten[4]): indess ist uns diese nicht erhalten[5]).

---

[1]) RTA. IV. nr. 188 (Ende Dezember 1400 bis Anfang Januar 1401). [2]) RTA. IV. p. 219; [24] u. [30] [31]. [3]) RTA. IV. p. 220; [1], [2]. [4]) —. p. 219; [6]. [5]) Anders: Weizsaecker, RTA. IV. nr. 189; dieser druckt an dieser Stelle eine äusserst umfangreiche Aufzählung ab, die aber von den Thatsachen in vielen Punkten abweicht: so sind z. B. zahlreiche Städte Schwabens als ihm unterthan bezeichnet, was im Dezember 1400 noch gar nicht der Fall war, und bei dem regen Handelsverkehr zwischen Italien und Deutschland sicher den italienischen Städten als Unwahrheit nicht unbekannt geblieben wäre. Sodann: diese nachgeschriben sint an unserme herre dem künige und ime gehorsam . . ., wird der Abschnitt eingeleitet. Wer ist unter diesem ‚ime‘ zu verstehen? es kann dies nur das k i r c h l i c h e O b e r h a u p t, der römische Papst, sein. Darnach ist etwa das Stück auf Anfang August 1401 zu datieren, als Beilage zur Instruktion des nach Rom bestimmten Protonotars Albrecht, vgl. RTA. IV. nr. 11, art. 12.

Deutlicher tritt dann die Romzugsangelegenheit bei den
Verhandlungen mit den Herzögen von Oesterreich, besonders
mit Herzog Leopold IV., in den Vordergrund[1]). Denn darauf
kam es vor allem an, sie, die die beste Alpenstrasse nach Italien,
den Brennerpass, beherrschten, zu gewinnen, wenn nicht überhaupt der ganze Zug in Frage gestellt werden sollte. Dass jene,
bewusst ihrer entscheidenden Stellung, diese auszunutzen versuchen würden, daran war nicht zu zweifeln. Deshalb wurden
mit ihnen zuerst die Verhandlungen, welche immer im Hinblick
auf den geplanten Zug nach Italien geführt wurden, eröffnet,
bei denen jedoch nur die Italien betreffenden Punkte hervorgehoben werden sollen. Unzweifelhaft waren die beiden Ur-
kunden[2]), mit welchen die Unterhandlungen beginnen, schon
auf dem Krönungstage zu Köln (7. Januar 1401) Gegenstand
der Berathung des Königs mit den Kurfürsten, deren Ergebnis
die Instruktion für den auf den 30. Januar mit den österreichischen Herzögen verabredeten Tag zu S. Veit war. Hierbei
ist es von ganz besonderem Interesse zu sehen, wie sich Ruprecht
zu den österreichischen Forderungen auf das Erbe von Mailand,
im speziellen auf Verona und Padua[3]) sich stellte. Darauf konnte
er auf keinen Fall eingehen, da er sonst seinen treuesten Anhänger Franz von Padua beeinträchtigt hätte; aber es ist charakteristisch, dass nicht dies als Grund angegeben wird, wodurch die
Interessenverschiedenheit beider noch mehr hervorgetreten wäre,
während er sie doch beide notwendig brauchte, sondern dass
dazu allgemeine Redensarten, wie dass er doch „Mehrer des
Reiches" sein wolle, herhalten müssen, die ablehnende Antwort
zu motivieren. Auch wird man kaum fehlgehen anzunehmen.
dass unzweifelhaft schon bei Ruprecht eingetroffene Gesandte
der Florentiner[4]) ihn auf das Gefährliche einer Einwilligung
auf die Forderung der Oesterreicher aufmerksam gemacht haben,
andrerseits aber ihr Möglichstes thaten, den Beschluss nach
Italien zu ziehen, zustande zu bringen. Dagegen konnte Ruprecht

---

[1]) Hierüber: Donnemiller „der Römerzug Ruprechts von der Pfalz"
(besonders seine Beziehungen zu Herzog Leopold). Rudolfswert. Progr. 1881.
[2]) RTA, IV. nr. 216—217. (Koblenz, 12. Januar 1401).   [3]) RTA. IV. nr.
217. art. 6.   [4]) s. u. p. 23.

den Herzögen gauz gut Versprechungen auf nicht zum Reiche
gehörige mailändische Besitzungen, oder auch auf sonst ein
paar Schlösser machen. Für diese und einige andere Leistungen
verlangt der König Offenhaltung der Strassen und Pässe nach
Italien und Hilfe gegen Mailand.

Anfang Januar also war ein Zug über die Alpen zum
Kampfe gegen Mailand eine beschlossene Sache; noch fehlt aber
jegliche Angabe über den Zeitpunkt desselben. Dass er möglichst
rasch zustande käme, war die Hauptaufgabe der italienischen
Gegner Mailands. Ihnen konnte jeder Verzug neue Gefahr, das
Erscheinen Ruprechts in Italien bei einem günstigen Verlaufe
Rettung bringen, bei einem ungünstigen aber ihre Lage nicht
verschlimmern. Wie viele Verbannte Mailands mochten sich mit
der Hoffnung getragen haben, jetzt wieder ihrem Besitz und ihrer
Heimat zurückgeführt zu werden, Gedanken, wie sie von einem
Andreas de Marinis von Cremona[1]), oder Petrus de Gualfredinis
von Verona[2]) in prunkvollen, leidenschaftlichen Schreiben an
Ruprecht übermittelt wurden.

Neben Franz von Padua trat in dieser Zeit auch Florenz
in offene Beziehungen zu Ruprecht, und nahm bald die erste
Stelle unter den italienischen Parteigängern ein[3]). Wie schon
vorher Franz, hatte auch Florenz Mitte Dezember eine Gesandtschaft nach Deutschland zu schicken beschlossen, ohne dass wir
dieser einen grösseren Wert beizulegen haben. Wichtiger ist die
Beratung vom 3. Januar 1401: der abzuschickende Gesandte
erhält den Auftrag, sich genau über die Pläne des neuen Königs,
besonders bezüglich des Romzuges, zu informiren. Und schon
sprach man es aus, dass der Romzug, wenn er zustande käme,
den Florentinern Nutzen, Mailand aber Verderben bringen müsse.
Und da man bei den kommenden Wirren in Italien gerüstet
sein müsse, sollen die Festungen und Burgen in Verteidigungs-
zustand gesetzt, mit König Ladislaus von Neapel aber Verhandlungen wegen einer Liga angeknüpft werden. Entscheidend für
den diplomatischen Verkehr der Florentiner war der Aufenthalt
des Bischofs Konrad von Verden, der nach Rom als Gesandter

---

[1]) RTA. IV. nr. 260.    [2]) RTA. IV. nr. 259.    [3]) Für das Folgende
s. Beilage.

bestimmt war, in Florenz, vom 30. Januar[1]), bis mindestens zum 8. Februar 1401[2]). Denn jetzt tritt zum ersten Male der Gedanke auf, dass Florenz zur Erfüllung seines Wunsches an den König eine gewisse Geldsumme auszahlen, und die Bemühungen seiner Gesandten durch eigene unterstützen müsse, vor allem um den Papst zur Approbation zu bewegen. Ausser nach Rom, beschlossen die Florentiner auch nach Deutschland Gesandte zu schicken, um mit dem Könige über die Bedingungen zu unterhandeln, unter welchen er geneigt wäre, ihren Wünschen nachzukommen. Und zu dieser Gesandtschaft nach Deutschland wurde Buonaccorso Pitti, der sich schon durch einen mehrfachen Aufenthalt in Deutschland empfahl[3]), gewählt, und ihm Ser Piero da Sanminiato beigegeben[4]), ohne dass dieser von irgend welcher Bedeutung gewesen zu sein scheint.

Neben den beiden Gesandtschaften nach Rom und an Ruprecht wurde auf Ansuchen Konrads ein weiterer Gesandte nach Oberitalien bevollmächtigt, um die Bemühungen Albrechts von Thanheim, den Kreis der Anhänger Ruprechts zu erweitern, auch seinerseits zu unterstützen[5]). Daneben beherrschte die florentinische Politik der Gedanke, wenn möglich, die alte Liga gegen Mailand wieder ins Leben zu rufen. Letzteres gelang aber nicht. Die Gesandten wurden wohl freundlich aufgenommen, ohne aber in der entscheidenden Frage Erfolg zu haben. Bologna, Ferrara und Venedig waren nicht geneigt, ihre bisher beobachtete Neutralität aufzugeben, während natürlich Franz von Padua ebenso sehr die Partei Ruprechts, wie Franz Gonzaga von Mantua diejenige Mailands begünstigte. Bisher war es also noch nicht möglich gewesen, in der politischen Lage eine Aenderung zu schaffen. Zwei feindliche Lager standen sich schroff gegenüber, stets bereit, bei Venedig über Friedensverletzung des Gegners Beschwerde zu führen, um dieses auf diesem Wege mit der Gegenpartei zu verfeinden. Je nach den Umständen antwortete der venezianische Rat unter Hinweis auf völlige Unkenntnis

---

[1]) Minerbetti, cronicon in Script. rer. Ital. ed. Tartinius. II. c. 430ff. Sozomenus bei Muratori, SS. rer. Ital. XVI. c. 1171.    [2]) Beil. 8. Februar.    [3]) Scip. Ammirato. l. c. p. 93.    [4]) RTA. IV. nr. 258.    [5]) RTA. IV nr. 263.

mit den beklagten Vorgängen [1]), oder liess gelegentlich einmal
eine leise Verwarnung erteilen [2]): offen spielte er sich immer
noch als Hüter des Friedens auf, während er es im Geheimen
wohl geschehen liess, dass in Venedig Aktionen vorgenommen
wurden, welche eine auch ihm erwünschte Schwächung Mailands
zum Ziele hatten.

Nimmt man hinzu, dass auch in Rom alle Verhandlungen
der Gesandten Ruprechts trotz der sicher höchst thätigen Unterstützung der Florentiner in der Hauptfrage, nämlich in der
unverzüglichen Approbation des Königs, erfolglos blieben, dass
man andrerseits auch von päpstlicher Seite auf einen Zug nach
Italien drängte, so kann man sich denken, mit welchem Interesse
man allseitig die Gesandtschaft Pittis an Ruprecht verfolgte [3]).

Wie wir oben gesehen, war man sich im florentinischen
Rate über die Notwendigkeit eines Romzugs schon längst klar;
dass man zu diesem Zwecke Geld anwenden müsse, war
schon am 8. Februar Gegenstand der Verhandlungen, und ferner,
dass nach Deutschland Gesandte geschickt werden sollten. Aber
wohl mochte man noch auf Nachrichten über den Erfolg der
Gesandten in Rom warten. Darum verzögerte sich die Abreise
der Gesandten nach Deutschland: denn erst vom 21. Februar
ist die Vollmacht datiert [4]), kraft deren Pitti berechtigt wird,
Verträge zu schliessen, den Treueid zu leisten, u. a. m. Leider
ist uns die eigentliche commissio, von der in den Akten öfters
die Rede ist, nicht erhalten; allein wir sehen aus diesen, wie
aus Pittis Berichte, dass es sich den Florentinern vor allem
darum handelte, dass der Romzug noch in diesem Jahre 1401
angetreten werde, und dass der Gesandte auf keinen Fall über
die zum Zwecke bewilligte Geldsumme, nämlich 100.000 Du-
katen, hinausgehen dürfe; sollten grössere Anforderungen an
ihn gestellt werden, so ist deswegen sogleich an den Rat zu
schreiben. Im übrigen mag Pitti noch den Auftrag gehabt haben,
die Lage Italiens möglichst günstig zu schildern. So brach denn

---

[1]) RTA. IV. nr. 262.    [2]) RTA. IV. nr. 260.    [3]) Ueber diese s.
Cronica di Buonaccorso Pitti, ed. G. Manni. Fir. .1720, die hierher ge-
hörenden Stücke abgedruckt in d. RTA. IV. nr. 302, und vgl. auch d.
Gesandtschaftsbericht Pittis, RTA. V. nr. 33.    [4]) RTA. IV. nr. 258.

Pitti mit seinem Genossen am 22. Februar[1]) nach Deutschland auf, wobei sich ihm in Padua, als Bevollmächtigter des Reichsvikars, Dorde anschloss, um auch seinerseits den Romzug zu betreiben.

In Amberg, also nach dem 24. März, trafen sie beim Könige ein[2]), der sie auf jede Weise auszeichnete. Er mochte sich wohl schon mit dem Gedanken vertraut gemacht haben. seine in keiner Weise günstige Lage, namentlich jetzt nach dem erfolglosen, aber kostspieligen Feldzug gegen Böhmen, durch einen Romzug zu verbessern. Die Kosten dieses Zuges konnte er von sich aus nicht aufbringen; diese musste Florenz übernehmen. wenn er sich dem zu liebe in den Kampf mit Mailand einliess. Jedenfalls waren seine Erwartungen, denen er wohl auch den Gesandten gegenüber Ausdruck gab, auf das höchste gespannt, so dass sich Pitti wohl hütete, mit dem Angebote von 100.000 Duk. hervorzutreten. Bei den Verhandlungen über die Geldfrage bestimmten die Unterhändler des Königs, vielleicht weil sie durch florentinische Kaufleute erfahren hatten, dass Florenz eine auf 600.000 fl. Ergebnis geschätzte Steuer ausgeschrieben[3]), die Forderung anfänglich auf 500.000 fl., gingen aber dann auf 200.000 fl. zurück: so viel müsse der König haben, wenn von dem Zuge in diesem Jahre die Rede sein könne. Immerhin ging diese Summe über die der Vollmacht hinaus, so dass Pitti gezwungen war, nach Florenz zu schreiben, wohl mit dem dringenden Rate, der Forderung nachzugeben.

Wohl nur schweren Herzens mag Ruprecht seine Ansprüche auf die Summe von 200.000 fl. ermässigt haben, so dass er nicht mehr so zuversichtlich dem Romzuge entgegensah, wie früher. Wenn nun in dieser den Florentinern nicht gerade

---

[1]) Die Daten schwanken bei dem offiziellen Gesandschaftsberichte, und der Chronik Pittis; im allgemeinen haben diejenigen der Chronik mehr Wahrscheinlichkeit für sich. Der 22. Februar ist vielleicht so zu erklären, dass Pitti zu dieser Zeit gar nicht in Florenz war, und Ser Pero an diesem Tage mit der Vollmacht zu ihm eilte.    [2]) Nach dem offiziellen Bericht am 18. März, wo sich Ruprecht noch in Nürnberg aufhielt. Vgl. Chmel. Regesta Ruperti regis Romanorum. Fkf. 1834, nr. 293, 294. [3]) Morelli, l. c. p. 309.

günstigen Zeit ein allem Anscheine nach von Galeazzo gegen
den König gerichtetes Attentat auf Grund einer von Pitti kurz
vorher ausgesprochenen Warnung entdeckt wurde, also zur politischen Feindschaft gegen diesen nun auch die persönliche sich
gesellte, so ist das doch ein zu grosser Glückszufall, als dass
man nicht annehmen möchte, dass jene beiden Gesandten ihre
Hände bei der Intrigue im Spiel gehabt hätten[1]). Jedenfalls
war durch dieses Ereignis Ruprecht in seiner Absicht, nach
Italien zu ziehen, bestärkt und kam somit den Plänen Pittis
entgegen.

Von Amberg wandte sich Ruprecht nach Nürnberg, wohin er die Grossen des Reiches auf den 1. Mai berufen hatte[2]).
Dass auf diesem Tage die Romzugsfrage zur Sprache kam, ist
selbstverständlich; das bezeugen auch die zahlreichen Anknüpf-
ungen mit auswärtigen Mächten, welche im Hinblick auf den
Zug eröffnet wurden, so mit Savoyen, Frankreich, den Eidgenossen und Aragonien[3]): aber da diese Verbindungen von geringem
Einfluss auf die Vorbereitungen des Zuges waren, ist es nicht nötig,
an dieser Stelle näher auf sie einzugehen. Viel wichtiger war natürlich die Ankunft Konrads aus Rom, und mit ihm die Antonios de
Montecatino[4]): aber sie brachten nicht den gewünschten Bescheid; vielmehr erregte schon die Form des Kredenzbriefes
Montecatinos grossen Unwillen bei König Ruprecht, den er auch
in entsprechenden Worten dem Papste und den Kardinälen
merken zu lassen sich nicht scheute[5]). Noch weniger entsprach
der Inhalt der päpstlichen Antwort seinen Erwartungen: „moram
periculosam implicans responsum" nennt er sie[6]). Denn was
nutzte ihm eine Approbations-Urkunde[7]), die in einer Form
abgefasst war, dass er sie auf keinen Fall annehmen konnte,

---

[1]) Höfler, l. c. p. 212, spricht von einem Rechtfertigungsschreiben
Pittis: dies wird wohl eine Verwechslung mit einem Schreiben Galeazzos
sein, das denselben Zweck, wie mir scheint, mit grossem Geschick verfolgt. RTA. IV. nr. 308. nr. 303 nr. 304.   [2]) RTA. IV. nr. 267, art. 3.
[3]) RTA. IV. nr. 297 ff. nr. 314, nr. 294 ff., nr. 293 und 292, nr. 315 ff.
[4]) RTA. IV. p. 399; ₁₄. Ulman Stromer in Chroniken der deutschen
Städte I. p. 54; ₂₄.   [5]) RTA. IV. p. 27; ₃₁ ₃₀.   [6]) RTA. IV. p.
27; ₂₁ ₂₉.   [7]) RTA. IV. nr. 6.

oder dass der Papst mit der Forderung eines schleunigen Ein-
marsches in Italien an ihn herantrat, ohne selbst auch nur
die geringste Verpflichtung für die Zukunft zu übernehmen.
Am besten zeigt sich die Unzufriedenheit des Königs über diese
Haltung des Papstes in den Antworten, die er dem nach Rom
zurückkehrenden Montecatino mitgab, welche an Kürze nichts
zu wünschen übrig lassen[1]).

Vielleicht wäre der Zug ganz in Frage gestellt worden,
wenn nicht die italienischen Gesandtschaften von Padua und
Florenz alles daran gesetzt hätten, ihn doch zum Zuge zu bewegen. „Und man lag kunk Ruprecht vast an, daz er gen
Welissen landen und gen Rom zien solt", berichtet Ulman
Stromer von der Thätigkeit der fremden Gesandten auf dem
Tage von Nürnberg[2]). Und wie sehr deren Agitation Ruprecht
gefiel, zeigt uns ein Lob, das derselbe der Beredsamkeit des
paduanischen Gesandten zuerteilt[3]). Zugleich scheint jetzt auch
die Antwort aus Florenz eingetroffen zu sein, auf Grund deren
die Verhandlungen zu einem gewissen Abschluss gelangten.
Florenz gab nach, indem die vertragsmässige Unterstützung auf
200.000 fl. festgesetzt wurde, ohne jedoch wohl die Zahlungs-
bedingungen genau anzugeben. Wie sehr aber Pitti Ruprecht
gegenüber das Opfer, das Florenz bringe, betont haben mochte,
ersieht man schon daraus, dass sich Ruprecht bewogen sah,
sich über die Höhe seiner Ansprüche zu entschuldigen, die er
aber stellen müsse, wenn er auch wisse, wie schwer es Florenz
falle, eine solche Summe aufzubringen[4]); und dass diese nur
im Interesse Italiens, d. h. von Florenz verwandt werden sollte,
war eigentlich klar; allein der vorsichtige Florentiner liess
sich noch eine ausdrückliche Versicherung davon geben[5]).
Zu einem definitiven Vertrage kam man in Nürnberg doch
nicht: Pitti gibt als Grund an, dass zu wenig Fürsten auf dem
Tage anwesend gewesen seien, so dass es rathsam erschien,
die so schwerwiegende Entscheidung auf einem weiteren Tage

---

[1]) RTA. nr. 8, 9. (12. Mai 1401).     [2]) St. Chr. I. 51; 1.     [3]) RTA.
IV. p. 372; 89. (15. Mai 1401).     [4]) RTA. IV. nr. 305. (23. Mai 1401).
[5]) RTA. IV. nr. 306. (23. Mai 1401).

zu treffen. Diese Angabe stimmt auch damit überein, dass der König nur die archiprincipes nach Nürnberg berufen[1]) hatte, so dass wir es hier mit Vorberathungen zu thuu haben. Immerhin ist es gut, den Vertragsentwurf[2]) zwischen Ruprecht und Florenz schon an dieser Stelle zur Erörterung heranzuziehen, weil auf ihm alle anderen Entwürfe beruhen, und wir dann nur auf die Aenderungen dieser gegenüber dem ersten hinzuweisen haben.

Art. 1. Pro celeriori expedicione in Italiam will Florenz als Geschenk (dono) 200.000 Duk.[3]) zahlen, in exterminium comitis Virtutum. Ruprecht kann von deutschen Kaufleuten vor Antritt des Zuges als erste Rate 110.000 Duk. aufnehmen, welche es unter gewissen Bedingungen in Venedig auszuzahlen verpflichtet ist.

Art. 2. Den Rest, also 90.000 Duk., zahlt es in Venedig oder einer anderen Stadt Italiens für die Besoldung der Truppen in den der ersten Zahlung folgenden zwei Monaten, insofern der König in Italien ist cum felici exercitu suo ad invadendum territorium comitis Virtutum hostiliter et potenter, exclusis dolo et fraude.

Art. 3. Gegen entsprechende Bürgschaft leiht Florenz weitere 200.000 Duk. in Monatsraten.

Art. 4. Bestätigung der florentinischen Privilegien.

Art. 5. Ruprecht muss presenti anno (1401) nach Italien ziehen, und zwar einundeinhalben Monat nach Empfang der ersten Rate. Bei einem eventuellen Tode des Königs verliert Florenz das ausgezahlte Geld ohne Ansprüche an die Nachkommen desselben.

Art. 6. Der König verpflichtet sich pro posse Mailand zu vernichten, im übrigen aber Florenz in seiner Freiheit und Rechten zu erhalten.

---

[1]) RTA. IV. nr. 267. art. 3.   [2]) RTA. IV. nr. 307. (c. 23. Mai 1401.)   [3]) Trotzdem auf 100 Duk. 110 fl. gerechnet wurden, ist die Unterscheidung der beiden Geldsorten in keiner Weise streng durchgeführt, so dass es vielfach am besten ist, der Quelle zu folgen. Vgl. RTA IV. p. 7; p. 215 nt. 1.

Dieser Entwurf erscheint als ein solches Meisterstück der florentinischen Diplomatie, dass es doch interessant ist, denselben mit einem Kommentar zu versehen.

Man kann nicht läugnen, dass der Entwurf in Wahrheit ein Mietsvertrag ist, wenn man auch dieses Verhältnis durch den Zusatz „dono" zu verdecken suchte. Beiderseits verpflichtet man sich zu Leistungen; kommt eine der Parteien diesen nicht vertragsmässig nach, so ist auch natürlich die andere zu nichts weiter verpflichtet. Florenz opfert Geld für ein glücklich ver-laufendes Unternehmen (vgl. Art. 2). Denn leistet der König nicht das, was man von ihm erwartet, so ist es berechtigt, sich vom Vertrage loszusagen; anders kann man die Zusätze, wie „cum felici exercitu", und „hostiliter et potenter" etc., nicht auf-fassen. Und es scheint, als ob man von deutscher Seite auch eine Ahnung von der Wichtigkeit jener Klauseln gehabt, und dass man doch die Bedeutung der 5 ersten Artikel abzuschwächen suchte, indem man einen 6. Artikel anfügen liess, der im wesent-lichen gar nichts neues besagte, aber doch den kleinen, in der Sache aber sehr wichtigen Zusatz „pro posse" enthielt. Immer-hin ist es Thatsache, dass nur grenzenloser Optimismus und Unkenntnis der Zustände in Italien einem solchen Vertrags-entwurfe ihre Zustimmung geben konnten.

Einstweilen fehlte noch dem Entwurfe die Unterschrift. Ruprecht beeilte sich, denselben an Franz von Padua, der stets neue Beweise seiner Treue gab[1]), zur Begutachtung zu über-senden[2]), die bei der unzweifelhaften Mitwirkung paduanischer Gesandten kaum anders als zustimmend ausfallen konnte. Es lag auch gar nicht in seinem Interesse, den König auf die gefährlichen Klauseln des Entwurfs aufmerksam zu machen; sondern auch für ihn war es eine Existenzfrage, möglichst rasch den König gegen Mailand ins Feld zu bringen.

Zu gleicher Zeit wanderte der Entwurf nach Florenz zur Bestätigung, wobei Ruprecht sich doch noch bewogen sieht, zur Annahme desselben zu mahnen, da sonst von einem Zuge „pro presenti" keine Rede sein könne[3]). Es ist dies wohl nur

---

[1]) RTA. IV. nr. 311, (15. Mai 1401).   [2]) RTA. IV. nr. 312. (26. Mai 1401.)   [3]) RTA. IV. p. 367; 16, 17.

eine Nachwirkung von dem Sträuben Pittis, bis er in Bezug
auf die Geldforderung aus diplomatischen Rücksichten nachgab,
während er andrerseits allem Anscheine nach es auch nicht
unterliess, auf die voraussichtliche Annahme der Bedingungen
von Florenz, so schwer sie auch seien, hinzuweisen. Denn wir
können aus verschiedenen Regierungsakten deutlich erkennen, dass
Ruprecht jetzt schon völlig von dem Zustandekommen des Zuges
überzeugt war. So erhielt Franz von Padua von ihm eine Vollmacht, in Sachen des „de proximo" stattfindenden Zuges zu verhandeln, besonders aber Venedig zu gewinnen[1]).

Unter ausdrücklicher Betonung, dass es sich um die Beschlussfassung über den Zug nach Italien handle, wurden dann
Fürsten und Städte zu einem Reichstag nach Mainz auf den
29. Juni berufen[2]). Bis dahin, mochte man hoffen, würde wohl
die Bestätigung des Nürnberger Entwurfs von Florenz eingetroffen sein. In der Zwischenzeit war man natürlich auch nicht
müssig: so wurden die Städte aufgefordert, ihre Boten zum
12. Juni nach Mainz zu senden[3]), um mit den Räten des Königs
„zu reden umbe hulffe und dienste uns zu deme selbe tzoge
zu dun[4])". Und an die Grafen und Herren in Deutschland, vermutlich ebenfalls wegen des Heeresdienstes, wurde Bischof
Konrad von Verden bevollmächtigt[5]).

Wie sehr der Plan eines Romzuges in Deutschland Aufsehen erregte, vermag man schon aus der so überaus zahlreichen
Beteiligung an dem Reichstag zu Mainz ersehen[6]), auf dem
natürlich die Berathung über den Zug im Mittelpunkt des In-
teresses stand. Hier gelangte man endlich[7]) zu einer, wie es
schien, endgiltigen Vereinbarung mit Florenz, deren Inhalt uns
Pitti überliefert[8]): wenn Ruprecht sich mit Heeresmacht den
ganzen kommenden September in der Lombardei aufhält, werden
seinem Kommissär in Venedig 50.000 Duk., und dann in
3 Raten di tempo a tempo weitere 150.000 Duk. ausbezahlt[9]).

---

[1]) RTA. IV. nr. 313.     [2]) RTA. IV. p. 401.     [3]) RTA. IV. nr. 344.
[4]) RTA. IV. nr. 345.     [5]) RTA. IV. nr. 287.     [6]) RTA. IV. p. 401, 402.
[7]) Dopo molti consigli e pratiche tenute. RTA. IV. p. 362; [8]) —. p.
362. art. 9.     [9]) Dieser Abschnitt bei Pitti erregt einigen Verdacht,

Ein Vergleich mit dem Entwurf, der in Nürnberg aufgesetzt
war, zeigt eine entschiedene Modifizierung im florentinischen
Interesse: die Florentiner mochten wohl nicht zum voraus als
erste Rate 110.000 Duk. riskieren, sondern wollten erst den
Erfolg abwarten. Leider sind die näheren Bestimmungen nicht
erhalten: aber so viel erscheint sicher, dass man in Mainz
einen definitiven Vertrag geschlossen zu haben glaubte, wie
nun auch Ruprecht nicht mehr zögerte, die Privilegien von
Florenz in vollem Umfange zu bestätigen und die Stadtobrigkeit
zum Generalvikar zu ernennen[1]). Auf Grund dieses Vertrages
mit Florenz stand dem königlichen Aufgebot nichts mehr im
Weg: „mit unseren kurfürsten und etlichen anderen unsern
und dez richs fursten, graven und herren rate“ werden die
Reichsstädte, und so jedenfalls auch die Fürsten und Herren
des Reiches, aufgefordert, mit der üblichen Glevenzahl sich „of
unser frauwentag“ (8. September) zu Augsburg am Lech ein-
zustellen, um wegen der Krönung „uber berge gein Lamparthen“
zu ziehen.

Alles schien aufs beste von statten zu gehen: noch eine
grosse Zahl anderer Reichsangelegenheiten, welche zum teil
auch gewisse Beziehungen zum Romzuge hatten, wurden rasch
erledigt[2]). Grösseres Interesse nimmt die Anwesenheit zweier
päpstlicher Gesandten in Mainz[3]) in Anspruch; wir wissen zwar
nicht, mit welchem Auftrag sie gekommen, wir können aber
vermuthen, dass sie die ungünstige Wirkung der Gesandtschaft
Montecatinos abschwächen sollten, was ihnen auch insoweit
gelungen zu sein scheint, als bald darauf auch Ruprecht
durch einen besonderen Gesandten, den Protonotar Albrecht,
die Verhandlungen mit der Kurie wieder aufnahm[4]). Auch

---

wenn man bedenkt, dass sowohl in Nürnberg, als auch späterhin in
Augsburg, und auch bei den Berathungen des florentinischen Rates am
28. Juli jeweils von einer Zweiteilung, mit 110.000 fl. als erster Rate
die Rede ist. (s. Beil.).

[1]) RTA. IV. nr. 358.     [2]) RTA. IV. Tag zu Mainz, Juni-Juli 1401.
[3]) RTA. IV. p. 476; [10] [11]. Diese beiden Boten sind vielleicht mit den
RTA. IV. p. 2 und 3 genannten päpstlichen Gesandten zu identifizieren.
[4]) RTA. IV. nr. 10—14.

mögen sie nicht ohne Einfluss auf die Beschlussfassung des Romzuges, mit dem ein besonderer Wunsch des Papstes erfüllt zu werden schien, gewesen sein.

Da traf den König eine schwere Enttäuschung[1]): man hatte die Ausschreiben ins Reich versandt in der festen Hoffnung, dass alle Verabredungen, die man getroffen, ausgeführt werden könnten. Nun aber erklärten die deutschen Kaufleute, welche versprochen hatten, Ruprecht die ihm von Florenz in Aussicht gestellten 50.000 Duk. nicht zahlen zu können, da ihre Geschäftsfreunde in Venedig ihnen den Kredit verweigerten, nachdem sie in Erfahrung gebracht, wozu das Geld verwandt werden sollte. Gegen diese Erklärung halfen weder Bitten noch Drohungen: das Geld war von den Kaufleuten nicht zu bekommen. Die Lage des Königs war so eine höchst peinliche: er selbst war finanziell ganz und gar machtlos; aber seine Ehre verlangte die Ausführung des Beschlusses. In seiner Not wandte er sich an Pitti, der wohl merkte, dass jetzt der ganze Plan in Gefahr stand zu scheitern, mit der Bitte, möglichst rasch nach Florenz zu eilen, um von dort wenigstens 25.000 Duk. ihm nach Augsburg entgegenzuführen. In eindringlichen Worten schilderte er Pitti gegenüber, wie in dessen Vollmacht an Florenz, seine bedrängte Lage; ohne genügende Geldunterstützung könne zu seinem und der Florentiner Schaden in diesem Jahre aus dem Zuge nichts werden. Trotz alles Sträubens Pittis, der wohl ahnte, dass die Reise nutzlos sein würde, musste sich dieser, um Ruprecht zu Gefallen zu sein, auf den Weg machen, doch kaum ohne den König unter Vorspiegelungen auf die Hilfe der Florentiner zu weiteren Rüstungen zum Zuge zu bestimmen.

Denn wie wäre es sonst möglich gewesen, dass Ruprecht bei einer solchen Sachlage noch die Hoffnung hegen konnte, durch die Absendung Pittis von Florenz sogar 110.000 Duk. in baarem Gelde zu erhalten, ja sogar zwei Gesandte bevollmächtigte, eine solche Summe zu erheben[2]), und wegen des Geleits von „100.000 gulden oder ein wen'g me" mit den Herzögen von Oesterreich, oder

---

[1]) Für das Folgende wieder Pitti, l. c.    [2]) RTA. IV. nr. 361. (20. Juli 1401) für Konrad von Freiberg und Johann von Mittelburg.

wenn diese sich weigerten, mit Venedig oder Padua zu verhandeln[1])? Bei einem anderen Charakter, wie dem Ruprechts,
könnte man auf den Gedanken kommen, dass dies alles nur
fingiert sei, um im Reiche dem Zweifel an einem Zustandekommen
des Zuges den Boden zu entziehen, wenn sich das Gerücht von
dem bevorstehenden Eintreffen solcher Geldsummen verbreitete;
bei Ruprecht aber ist das eben ein neuer Beweis seines unver-
kennbaren Optimismus, mit dem er sich gerne über unangenehme
Situationen hinwegtäuschte. Wir werden noch öfters Gelegenheit
haben, diesen für ihn so unheilvollen Charakterzug zu bemerken
und zu verurteilen. Wie hinterlistig Florenz dem Könige gegenüber verfuhr, zeigen uns am besten die Verhandlungen der
signori: zwar erkannte man die Notwendigkeit der Ankunft
Ruprechts an; darum soll man ihn durch Versprechungen zum
Zuge bewegen, aber diesen, nur wenn es sich nicht anders
machen liesse, nachkommen. Man dachte wohl gegen ihn gerade
so zu verfahren, wie gegen den Grafen von Armagnac. Ruprecht
aber zweifelte keinen Moment an der Vertragstreue der Florentiner.

Als einen wichtigen Erfolg konnte es Ruprecht betrachten,
dass jetzt auch die Herzöge von Oesterreich für ihn gewonnen
wurden. Besonders angenehm war dabei, dass er nur verpflichtet
war, „zu Lamparten etwaz stette oder geslosse“ ihnen als Lohn
aus der Beute zuzuteilen[2]). Dass unter diesen Städten Verona,
Vicenza und andere, die auch Franz von Padua aus der Beute
für sich erhoffte, gemeint waren, ist klar; man wollte die
Städte nur nicht nennen, um nicht den anderen Anwärter zu
verletzen. Ruprecht musste eben den Forderungen der Herzöge
nachgeben, da alle Verhandlungen mit den Eidgenossen der
Schweiz und mit dem Grafen von Savoyen, um durch deren Gebiet
Durchzug zu erlangen, ohne Erfolg blieben, abgesehen davon,
dass es nicht wünschenswert erschien, so weit weg von Padua,
ohne jeden militärischen Rückhalt zu haben, den Kampf mit
Mailand zu eröffnen.

Die Brennerstrasse konnte allein für ihn in Betracht
kommen: aber sollte sich der König sogleich an den Mauern

---

[1]) RTA. IV. nr. 357.   [2]) RTA. IV. p. 424; ς.

des äusserst festen Verona, das den Ausgang des Passes gegen die Poebene beherrschte, den Kopf zerschellen? Soweit aber traute Ruprecht den Vorspiegelungen der italienischen Grossen doch nicht, dass er dem Glauben verschenkt hätte, wenn Wilhelm de Castala, Podestà von Padua, ihm schrieb[1]), keine Macht der Welt könne es verhindern, dass eben jenes Verona sofort bei des Königs Erscheinen ihm zufalle. Sicher war es Franz von Padua, der mit der grössten Bereitwilligkeit ihn stets von den Vorgängen in Italien unterrichtete[2]), der einen massgebenden Einfluss bei den militärischen Beschlüssen ausübte. Auf ihn wird dann auch zurückzuführen sein, dass schon am 10. Juli ein Angriff auf das wichtige Brescia ins Auge gefasst wurde[3]). Dort, in den Bergen bei Brescia, waren zahlreiche Adelsfamilien angesessen, welche nur mit Grimm der Herrschaft Mailands sich beugten, und sehnsüchtig der Ankunft des neuen Königs harrten, um gegen den Feind loszuschlagen. Darum mochte es rathsam sein, mit dieser Partei, an deren Spitze Petrus de Lodrone stand, in Verbindung zu treten. Diesen Feldzugsplan, der immerhin manches für sich hatte, nahm Ruprecht an; er bevollmächtigte zwei Gesandte, von denen Johanniolus von Como, wohl auch ein von Galeazzo vertriebener Edelmann, die Verhältnisse in den Bergen Brescias aus eigener Anschauung kennen mochte, an Petrus de Lodrone und dessen Parteigänger in montanea Brixie[4]): hier sollen sie sich nach den Wegen durch das Gebirge erkundigen, die Strassen, welche das Heer einschlagen könnte, öffnen und herrichten lassen, und für die nötigen Lebensmittel an den Marschstrassen sorgen; am 29. September sollten die dortigen Edelleute den Kampf gegen Mailand beginnen; er selbst werde zu derselben Zeit den Boden Italiens mit seinem Heere betreten[5]).

Damit war der Zug nach Italien fest bestimmt: auf dem Reichstage zu Mainz war der Romzug beschlossen und das

---

[1]) Aus f. 40 des cod. 1718 der Laurenziana, der bisher noch nicht benutzt war und gerade für die Zeit Ruprechts manch neues Material enthält, einer Briefsammlung v. J. 1469 (s. fol. 135) Prof. Wille in Heidelberg verdanke ich die Einsicht in den Codex. [2]) RTA. IV. p. 373; 8, 9. [3]) RTA. IV. p. 472; 13. [4]) RTA. IV. p. 439; 40. [5]) RTA. IV. nr. 366. 367 art. 6.

Aufgebot erlassen; am 8. September musste sich dieses in Augsburg zusammenfinden, um dann am 29. September die Feind-
seligkeiten zu eröffnen. Das Geld, das zum Zuge nötig wurde,
war zwar noch nicht vorhanden; aber der König hegte, ver-
trauend auf die Hilfe von Florenz, die feste Hoffnung, es noch
rechtzeitig und in genügender Menge zu bekommen.

Inzwischen rüstete man sich auch in Italien zu dem bevorstehenden Kampfe. Hierbei kam es vor Allem auf die Stellung
an, die Venedig beobachten werde. Bisher war es, wie wir
gesehen, entschieden neutral geblieben; nichts gab ein Anzeichen,
dass es geneigt sei, aus seiner Neutralität herauszutreten. Trotzdem wurden immer neue Versuche gemacht, es auf die eine oder
die andere Seite zu ziehen. Von Ruprecht war zu solchen
Verhandlungen Franz von Padua bevollmächtigt; zugleich liess
er durch den nach Padua zurückkehrenden Gesandten Dorde
dem Rate von Venedig von den mit Florenz zu Nürnberg ge-
troffenen Vereinbarungen und von seinem in Aussicht stehenden
Romzuge Mitteilungen machen[1]). Aber die Antwort[2]) enthielt
wieder nichts, ausser den „gewohnten Versicherungen der Höf-
lichkeit"[3]): Die Signorie hoffe, unter Beteuerung ihres Wohlwollens gegen das bairische Haus, und besonders gegen den
König, dass auch der Romzug ihm zum Ruhme, dem Reiche
und der Christenheit zum Heile ausfallen möge, aber mit dem
bezeichnenden Zusatze „cum quiete et pace Italiae", trotzdem
ihr doch der eigentliche Zweck des Zuges aus dem Vertrage mit
Florenz bekannt war.

Dieser nämlichen Tendenz, Hüterin des Friedens in Italien
zu sein, entsprach es auch, dass die Signorie Franz von Padua
entschieden riet, alles zu vermeiden, was dem Herzog von
Mailand irgendwie Anlass geben könnte, den Krieg zu beginnen;
sollte jedoch Mailand dem Frieden gefährlich werden, so sei
auch sie bereit, geeignete Gegenmassregeln zu ergreifen; im
übrigen sei ihr von mailändischen Rüstungen, von denen Franz

---

[1]) RTA. IV. nr. 309, 310 art. 1.    [2]) RTA. IV. nr. 310 art. 2 ff.
(17. Juni 1401).    [3]) Le Bret, die Staatsgeschichte der Republik Venedig.
I. Teil, II. Abt. p. 279.    [4]) RTA. IV. nr. 262.

ihr berichtet habe, noch nichts bekannt. Und dieselbe Antwort erhielt der Herzog von Mailand auf seine Beschwerden über Padua und Florenz[1]). Solcher Redensarten bedurfte eben die Politik der Neutralität: man musste sich den Anschein geben, als stehe man zwischen den Parteien, eifrigst bemüht, alle Beschwerden beizulegen, ohne sich auch nur im geringsten zu verpflichten. Wieder als man in Mainz definitiv den noch in diesem Jahre 1401 stattfindenden Zug beschlossen hatte, schickte Ruprecht eine neue Gesandtschaft nach Venedig ab, um unter dem Eindruck jenes Beschlusses nochmals zu versuchen, es zum Bündnis mit ihm zu bewegen[2]). Es war aber schwerlich von dem Könige klug, dass er in der Instruktion für seine Gesandten noch ausdrücklich hervorhob, dass er nur „mit grossen kosten, arbeit und kummernisse" das Reich fast ganz gebracht, und nun wiewol er vaste sich verkostiget und dass sin usgeben habe[3]), doch den Zug nach Italien unternehme, für den er um den Beistand Venedigs bitte[4]).

Eigentlich hätte es doch in seinem Interesse gelegen, seine misliche finanzielle Lage nicht bekannt werden zu lassen; jedenfalls war es kaum ein gutes Mittel, sich neue Verbündete zu erwerben, wenn er nicht etwa diesen gegenüber gleichsam sich entschuldigen wollte, dass er in ein thatsächlich recht schimpfliches Vertragsverhältnis mit Florenz sich eingelassen. Auf der anderen Seite ruhte auch Galeazzo nicht mit Versuchen, nicht etwa Venedig auf seine Seite zu ziehen, sondern vielmehr es nur zu bestimmen, Farbe zu bekennen. Ein meisterhaft diplomatischer Schachzug war es, dass er an den Rat sowohl ein Schreiben Ruprechts, in dem dieser ihn des Giftversuches beschuldige, als auch seine eigene Verteidigung zur Begutachtung übersandte. Denn entweder erkennt der Rat diese als glaubwürdig an, dann bezichtigt er den König der Verläumdung, oder erklärt Galeazzo als Giftmörder. Zwei Tage lang dauerten die Verhandlungen in dieser Frage, bis man schliesslich auch eine ganz vortreffliche

---

[1]) RTA. IV. nr. 262.  [2]) RTA. IV. nr. 362. (20. Juli 1401).  [3]) RTA. IV. p. 437; 15—18.  [4]) RTA. IV. nr. 363.

Antwort fand: man bedauert die ganze Angelegenheit, und hofft, es möge seine Unschuld an den Tag kommen[1]).

An dieser Stelle mag noch der Verhandlungen Ruprechts mit König Martin von Aragonien gedacht werden, die jetzt in so fern eine festere Gestalt annahmen, als Ruprecht eine aragonesische Hilfsflotte unter dem Kommando des Admirals Jacobus de Pratis verlangte. Diese soll sich, etwa 10 Galeeren stark, im „pisischen Meere" zeigen, um etwaige Unternehmungen der florentinischen Landmacht gegen Pisa zu unterstützen[2]). Kam dieser Vorschlag zur Ausführung, so musste Galeazzo seine Truppenmacht zersplittern; andrerseits konnte auch Florenz hoffen, bei dieser Gelegenheit sich wieder den Zugang zum Meere zu öffnen, der ihm jetzt durch Uebergang Pisas in mailändische Hände versperrt war. Indess blieb es bei dem Plane, da sich die Erfolglosigkeit des deutschen Angriffes auf Mailand zu bald herausstellte, Galeazzo aber ganz gut einen Teil seines Heeres vom lombardischen Kriegsschauplatze nach Toscana entsenden konnte, so dass auch den Florentinern die Möglichkeit zu grösseren Operationen genommen war.

Doch wenden wir uns den Rüstungen Ruprechts in Deutschland selbst zu; sie waren, wie wir gesehen haben, trotz der ablehnenden Haltung der deutschen Kaufleute, nicht unterbrochen worden. Indess kann es nicht meine Aufgabe sein, näher auf die Verhandlungen mit den einzelnen Reichsständen wegen der Beteiligung an dem Zuge einzugehen: man findet die diesbezüglichen Zusammenstellungen vollständig in den Reichstagsakten[3]). Die Summe dieser ist in zwei Kostenüberschlägen[4]) zu dem ersten Monat gezogen, von denen für uns der zweite der massgebende ist. Im Ganzen sind ungefähr 3200 Gleven zu je 3, bei der Leibwache des Königs und der Königin zu je 4 Pferden berechnet, mit einem Solde von ungefähr 79.000 fl.[5]),

---

[1]) RTA. IV. nr. 364. 365. (Juli 26. und 28. 1401).     [2]) RTA. IV. nr. 369. art. 6—9.     [3]) RTA. IV. Reichstag zu Mainz. Juni-Juli 1401. lit. l. ff.     [4]) RTA. IV. nr. 390. 391.     [5]) Burggraf Friedrich VI. von Nürnberg erklärt, mehr als 25 fl. für die Gleve verlangen zu müssen, worauf jedoch Ruprecht nicht eingehen konnte, weil sonst auch die anderen einen höheren Sold beansprucht hätten. RTA. IV. nr. 377. art. 2.

welche für den ersten Monat vorausbezahlt werden sollten. Immerhin ist diese Summe für einen, der sich „vaste verkostiget" und all das Seine ausgegeben hat, eine recht beträchtliche zu nennen. Jedoch hatte er noch die Hoffnung, dass Pitti das florentinische Geld nach Augsburg bringen würde. Aber ist es nicht unbegreiflich, dass Ruprecht nicht auch die Möglichkeit ins Auge gefasst zu haben scheint, dass das Geld doch ausbleiben könne? Welchen Eindruck musste es machen, wenn der König dann dem Heere, das er zu einem mindestens 3—4 Monate dauernden Zuge aufgeboten, gleich den ersten Monatssold nicht zahlen konnte? Das alles aber scheint er sich nicht überlegt zu haben; und man kann wohl mit Recht sagen, dass eben diese finanzielle Abhängigkeit von dem guten Willen des Bundesgenossen den Miserfolg des ganzen Zuges zur Folge haben musste.

Bevor Ruprecht den Zug über die Alpen antrat, mochte es wohl gut scheinen, mit Wenzel in Unterhandlungen zu treten, um wenn irgend möglich friedlich sich mit ihm auseinanderzusetzen. Dabei hat Wenzel einen höchst merkwürdigen Vorschlag gemacht: Ruprecht solle König bleiben, Wenzel jedoch die Kaiserwürde sich erwerben. Darauf konnte Ruprecht auf keinen Fall eingehen: denn um Kaiser zu werden, müsse man deutscher König sein; das sei jener aber nicht, da er rechtmässig abgesetzt sei; Ruprecht selbst müsste dann vorher die Krone niederlegen; aber ob dann die Kurfürsten bei der Neuwahl Wenzel wählten, erscheine ihm zum mindesten zweifelhaft[1]. Da aber auch Ruprechts Forderungen an Wenzel nicht gerade bescheiden waren, so war es nicht zu verwundern, dass sich die Unterhandlungen über ein friedliches Uebereinkommen zerschlugen. Um aber Wenzel die Möglichkeit eines Eingreifens in Deutschland während des Romzuges zu nehmen, musste man ihn im eigenen Lande festhalten. Zu diesem Zwecke sehen wir Ruprecht in enge Beziehungen zu der böhmischen Adelsopposition, mit Jost von Mähren an der Spitze, treten[2]. So konnte sich in Deutsch-

---

[1] RTA. IV. nr. 392. art. 1.    [2] RTA. IV. nr. 393 396.

land das Gerücht verbreiten, die Heeressammlung in Augsburg
habe nicht den Romzug, sondern einen neuen Krieg mit Wenzel
im Auge[1]). Und so sehr rechnete man mit dieser Möglichkeit.
dass Strassburg sich beeilte, seinen Gesandten den Auftrag zu
geben, sich in Mainz nach der Stellung der übrigen Städte zu
dieser Frage zu erkundigen.

Thatsächlich konnte darüber kein Zweifel herrschen, dass
Ruprechts Ueberzeugung dahin ging, dass nur auf dem Boden
Italiens die Entscheidung zwischen ihm und Wenzel fallen
könne; die Kaiserkrönung in Rom musste sie zu seinen Gunsten
wenden.

---

[1]) RTA. IV. p. 480; 4.

www.ingramcontent.com/pod-product-compliance
Lightning Source LLC
Chambersburg PA
CBHW020014030726
47500CB00002B/584